ALFRED DELVAU

LES HEURES

PARISIENNES

25 Eaux-fortes d'Émile Benassit

PARIS
LIBRAIRIE CENTRALE
BOULEVARD DES ITALIENS, 24

1866

LES

HEURES PARISIENNES

A Alexandre Privat D'Anglemont

AU CIMETIÈRE MONTMARTRE

Je n'oublie rien ni personne; au contraire, je passe ma vie à me souvenir, — moi dont personne peut-être ne se souviendra.

Tu as beau être mort depuis six ans, les ronces ont beau avoir envahi, au point de le rendre invisible, le petit coin de terre que tu dois à la générosité de la Société des Gens de lettres : *tu es toujours vivant dans la mémoire et dans le cœur d'une demi-*

douzaine de tes trop nombreux amis d'autrefois. Quand nous voulons parler d'un honnête homme et d'un aimable esprit, c'est ton nom qui vient sur nos lèvres comme il vient au bout de ma plume aujourd'hui 18 juillet, — jour anniversaire de celui où tu nous as si brusquement quittés.

Je t'avais promis de te dédier un livre parisien : je te dédie LES HEURES PARISIENNES, — cher vieux compagnon de noctambulisme, cher vieil ami de toutes les heures ! C'est ma messe du bout de l'an.

ALFRED DELVAU.

18 juillet 1865.

Trois Heures du matin

LES
HEURES PARISIENNES

TROIS HEURES DU MATIN

Il y a des villes qui dorment, comme d'honnêtes bourgeoises, pendant tout le temps consacré au sommeil, — c'est-à-dire pendant la nuit. Elles ne s'en portent peut-être pas mieux, mais assurément elles ne s'en portent pas plus mal, la régularité dans les habitudes étant le commencement, le milieu et la fin de l'Hygiène.

Mais Paris, qui n'est pas une ville comme une autre, et qui s'en enorgueillit parce qu'il y a de quoi, Paris ne dort jamais—que d'un œil. Quand la moitié de ses habitants est plongée dans ce qu'il est de tradition d'appeler « les bras de Morphée », l'autre moitié s'agite, en proie à une activité que ne peuvent soupçonner les braves gens enfouis sous de chaudes couvertures, derrière d'épais rideaux, depuis dix heures du soir jusqu'à huit heures du matin. Quoique Paris soit une ville corrompue, — c'est une de ses séductions et la cause première de son universelle réputation, — elle n'en imite pas moins les Vestales antiques, chargées d'entretenir le feu sacré : elle veille sans cesse, afin de ne jamais s'éteindre. Paris dormant serait un Paris mort, et Dieu sait

« . . . . Quel bruit ferait le monde
Le jour où Paris se tairait ! »

Paris ne pouvant donc se taire, pour ne pas abdiquer, ne se couche jamais — afin d'être plus tôt levé. Les centenaires y sont rares et les maladies abondantes, j'en conviens ; mais il y a longtemps que Simonide nous a appris que mourir jeune était une faveur que les Dieux n'accordaient pas à tout le monde, et les Parisiens, très-vaniteux, sont fiers d'être ainsi les privilégiés du Ciel. Vivre vite, pour eux, est une façon de vivre beaucoup, et brûler sa chandelle par les deux bouts une méthode comme une autre pour la faire fondre. Il vaut mieux mourir à trente ans à Paris qu'à cent ans au village. Si cette maxime n'est pas consolante, elle a du moins le mérite d'être neuve. Toutes les maximes ne pourraient pas en dire autant.

C'est vers trois heures du matin que la journée commence chez nous, — ou plutôt recommence, puisqu'elle ne finit jamais. C'est le point de suture de cet anneau forgé en métal de Corinthe.

Vers trois heures, les maraîchers de la banlieue déchargent sur le carreau des Halles centrales et des alentours leurs voitures de salades, d'artichauts, de légumes verts, de primeurs destinées à satisfaire les fantaisies d'estomac des jolies petites Parisiennes qui viennent précisément de s'endormir avec le nom masculin de leur dernière fantaisie de cœur sur les lèvres.

Une bien belle invention, l'amour! Mais une

bien bonne chose, les asperges et les fraises ! Entre une botte d'asperges et Chérubin, l'âne de Buridan, célèbre par son irrésolution, n'aurait pas hésité. Les femmes n'hésitent pas non plus : elles choisissent les asperges.

Et les voitures des maréyeurs, en apportent-elles aussi de ces poissons de toutes couleurs et de toutes grandeurs, pour lesquels s'assembleront des sénats de gourmets, afin de savoir à quelles sauces ils doivent être mangés ! Congres bons pour le peuple, soles bonnes pour les bourgeois, turbots bons pour les duchesses, homards bons pour les gens de lettres, crevettes roses bonnes pour les petites dames, harengs bons pour les gueux, — la moitié de l'Océan !

C'est un spectacle à faire rêver même l'homme le plus réfractaire à la rêverie, que celui de ces amoncellements de légumes, de fruits, de poissons, qui, à sept heures, au dernier son de la cloche de l'appariteur, devront avoir disparu, — pour être remplacés demain par d'autres montagnes végétales et ichthyologiques. Et dire que cela n'est rien, mais absolument rien, comparé aux troupeaux de moutons, de bœufs, de veaux, de poulets, d'oies, de canards, chargés de tenir compagnie à ces légumes dans notre ventre ! Cela donne une crâne idée de notre appétit, mes frères, — et de votre gourmandise, mes sœurs !

Aussi, quelle antithèse ironique et triviale ! Les « malles-poste chères à l'agriculture, mais qui ne prennent pas de voyageurs, » roulent pesamment, chargées de vaudevilles à la Clairville, et se croisent sur le pavé des rues désertes avec les tapissières des bouchers revenant des abattoirs ! Les premières se dirigent à grande vitesse vers Pantin et sur Bondy, dont elles doivent approvisionner les bassins. Les autres se dirigent à toute volée vers les boutiques qu'elles doivent approvisionner de côtelettes et de gigots, de roastbeefs et de beefsteaks. Les viandes débordent, sanglantes, jusque sous les pieds des garçons étaliers, qui en ce moment, leurs manches de chemise retroussées jusqu'au biceps, la pipe à la bouche, le fouet à la main, songent aux petites bonnes de leur connaissance, et font songer à un Ribeira croisé de Paul de Kock. Les conducteurs des voitures atmosphériques, eux, ne font songer qu'à Vespasien et au culte singulier que les Égyptiens rendaient à l'escarbot, si connu des enfants — sous un autre nom.

Antithèse ironique, triviale, oui, mais philosophique, comme la plupart des nombreux spectacles offerts par Paris à la méditation des promeneurs solitaires. Les yeux s'indignent et s'offusquent, mais l'esprit sourit.

N'en est-ce pas une encore, ces chiffonniers, gens de loques et de cordes, crochet en main, carquois d'osier au dos, cherchant et ramassant leur vie dans le fumier des rues, composé de tant d'éléments disparates : vieux papiers et vieux galons, lettres d'amour protestées et lettres de change acquittées, — choses précieuses hier, méprisées aujourd'hui?...

Avant trois heures du matin en été, et avant cinq heures en hiver, ces Diogènes du chiffon n'ont pas le droit de se montrer dans les rues, et encore moins de donner un coup de crochet. Il y a probablement des raisons d'ordre majeures pour qu'il en soit ainsi ; mais cela gêne Messieurs de la hotte, qui voudraient être libres de chiffonner toute la nuit et tout le jour, à leurs heures et non à celles de l'Autorité. Cette tyrannie du règlement, ils avaient espéré un instant s'y soustraire, comme la France à celle du bon roi Louis-Philippe, et je me rappelle encore la députation qu'ils envoyèrent, en mars 1848, à Lamartine, à ce pauvre grand poëte dépaysé dans le gouvernement provisoire, pour lui demander *la liberté du crochet.* Parbleu! oui. Cela ne coûte rien à demander, la liberté, si cela coûte cher à obtenir. Ils s'en vinrent donc une centaine des mieux réussis, tambours en tête et drapeaux déployés. Le tableau était pittoresque, et, en l'absence de Callot, — absent pour cause d'immortalité depuis l'an 1635, — Traviès l'eût certainement fusiné s'il n'eût pas été occupé, en ce moment-là, à faire antichambre au Ministère de l'Intérieur pour essayer d'avoir la direction d'un Musée quelconque, — à laquelle il avait plus de droits qu'un autre. Lamartine parut sur le balcon de l'Hôtel de Ville, et lui, le chantre d'Elvire, il leur dit, à ces porte-haillons avinés, à ces guenilleux titubants, haleinant fort et droit comme des gens à qui la gêne est plus inconnue que l'ail, il leur dit : « Mes frères... »

Ses frères, eux! Et que lui sommes-nous donc, nous autres, cœurs épris d'Idéal, âmes altérées d'Infini, amants chevaleresques — et platoniques — de la Muse ?... Ah! ces poëtes! ces poëtes! il n'y a qu'eux pour compromettre ainsi la Poésie dans les promiscuités de la Foule!

Un peu après les chiffonniers, vers trois heures et demie du matin, balayeurs et balayeuses apparaissent, armés de leurs longs balais de bouleau, qui leur ont valu le nom de *lanciers du préfet*, et dont le va-et-vient monotone sur la chaussée a le frou-frou des robes de soie qui s'y traînent insolemment dans la soirée.

Ces femmes de chambre de la grande ville — une drôlesse qui fait beaucoup de bruit et de poussière, et qui a bon besoin d'être décrottée des pieds à la tête — sont presque toutes des Alsaciennes et des Alsaciens attirés sur les bords de la Seine par l'espérance d'y gagner plus d'argent que sur les bords du Rhin. Tous sont jeunes et toutes sont laides, mais cela vous a un courage que ne pouvaient pas avoir les déclassés d'autrefois, celle-ci ancienne prima donna, celui-ci ancien prix de rhétorique, celui-ci ex-millionnaire, celle-là ex-courtisane. Les Alsaciens ne sont pas intéressants, mais ils balayent bien, — à faire croire qu'ils ne sont pas des hommes, mais de simples machines.

Ce n'est pas eux qui se dérangeraient de leur vaillante besogne pour aller user les manches de leurs blouses sur les comptoirs d'étain des liquoristes! Ce n'est pas eux, par exemple, qui attendraient patiemment sur le trottoir de la rue du Faubourg-Montmartre que la *Consolation* du père Alexandre s'ouvrît! Ils abandonnent cette fatigue aux noctambules altérés pour avoir trop bu ou pour avoir trop noctambulé, à ces intrépides batteurs de pavé qui aiment à divaguer d'art et de poésie

« A la pâle lueur qui tombe des étoiles. »

Cela leur est bien égal, l'art et la poésie, à ces enfants de Schelestadt ou de Benfeld : ils n'ont pas d'autre soif que celle du cuivre dont se compose leur salaire quotidien.

Ce sont peut-être des sages, ces Alsaciens!

Quatre Heures du matin

QUATRE HEURES DU MATIN

« L'ombre s'évapore,
Et déjà l'Aurore... »

de ses doigts fuligineux ouvre à deux battants les portes de l'Orient. Celles des maisons parisiennes continuent à être hermétiquement closes — comme des tombeaux. Nous nous plaignons de la brièveté de la vie, et nous en passons la moitié dans notre lit, pour nous habituer à la Mort, — dont le Sommeil est le frère de lait.

Il serait de mauvais goût, surtout à un homme qui fait son métier d'être — sans qu'on l'en prie — l'historien de Paris, de médire des levers de soleil auxquels on peut assister quand on ne s'est pas couché; mais, en vérité, ils ne valent pas la peine qu'on se mette en frais de couleur pour eux, qui sont si ternes et si laids, et qui ressemblent si peu aux « divines octaves de l'aube » dans la campagne. L'hiver, peut-être; et encore est-ce plus étrange que beau. Les maisons n'empêchent pas seulement de voir la ville, elles empêchent d'apercevoir le soleil. Les décors d'avant-plan obstruent la toile du fond.

J'avoue cependant avoir éprouvé des tressaillements d'âme particuliers à l'aspect de cette bleuissure fantastique, de minute en minute plus lactée, qui me frappait tout à coup au visage, avec une sensation d'air frais, lorsque je sortais d'un cercle ou d'un restaurant vers quatre heures du matin. Ces mornes clartés, tombant par lambeaux, comme à regret, sur les rues envahies par l'ombre, contrastaient si fort avec les lumières éclatantes dont j'avais les yeux brûlés, que j'en éprouvais toujours une sorte de rassérénement, de bien-être physique et moral, — un double bain. C'était certes un plaisir, mais acheté trop cher, quelque saveur qu'il ait. Les voluptés violentes sont des voluptés amères.

C'est à cette heure crépusculaire, qui n'est plus la nuit et qui n'est pas encore tout à fait le jour, que les laitières commencent à s'installer à l'angle des portes cochères, devant les boutiques d'épiciers, en attendant les boîtes de lait que vont déposer pour elles sur le trottoir les voitures de cette Compagnie ou de cette autre, d'Orléans, de Médan, — ou d'ailleurs; car, quoi qu'essayent de s'en faire accroire à ce sujet les Parisiens, le lait ne leur vient pas de Paris, où le terrain coûte trop cher pour qu'on y installe des vacheries. Çà et là, je le sais, dans les faubourgs, une étable ou deux, pas davantage — heureusement, les vaches de ces étables étant aussi phthisiques que le « jeune malade à pas lents » de Millevoye. C'est la province qui est notre nourrice, c'est elle qui fournit sans s'épuiser à notre consommation effrénée, et si ce qu'elle nous envoie pur nous arrive altéré, ce n'est pas de sa faute, — ni même de la faute des fraudeurs, qui croient ingénûment que *baptiser* le lait est aussi permis que baptiser le vin. Une légère addition d'eau, la belle affaire! Et les Parisiens sont des gens bien mal avisés de se plaindre ainsi qu'ils le font tout haut, — si haut même que le bruit en arrive aux oreilles du Tribunal de police correctionnelle ! Si on leur faisait avaler du blanc d'Espagne et des cervelles de mouton, passe! Mais un peu d'eau! Ils devraient remercier, au contraire.

Sans doute un peu d'eau fait grand bien — à part ; c'est même une très-bonne chose, l'eau, — quand on a soif. Mais le lait, comme le vin, demande impérieusement à être servi pur : les additions, légères ou non, ne regardent que les consommateurs. Et puis, ces honnêtes fraudeurs ont la main trop lourde en faisant leurs additions. Autrefois les laitières se contentaient de mettre de l'eau dans du lait ; maintenant elles mettent du lait dans de l'eau, — et ce n'est pas du tout la même chose.

Mais de quoi vais-je me mêler ? La femme de Sganarelle tenait à être battue : les Parisiennes tiennent peut-être à être trompées. Elles tiennent surtout à prendre chaque matin, les yeux à peine ouverts, leur « cher petit café au lait » — qui nous vaut tant de chlorotiques. Que les Parisiennes s'arrangent comme elles l'entendent ! je ne serai pas là pour admirer les belles générations qu'elles auront préparées.

Je ne sais pas ce que gagnent les laitières à ce métier de Locustes ; en tout cas ce ne doit pas être

« des mille et des cent », si j'en juge par les échantillons que j'ai rencontrés sur mon chemin, dans mes déambulations nocturnes. Mais ce métier, quelque ingrat qu'il soit, a ses compensations : le commérage. La laitière reste à peu près solitaire, sans avoir occasion de se dégourdir la langue, pendant une heure environ ; des passants, fantaisistes pour la plupart, lui demandent un sou de lait qu'ils boivent à même la mesure ; puis, peu à peu, les *pratiques* arrivent et font de son petit coin le quartier général des médisances, et même des calomnies. Tout le voisinage y est passé au fil de la langue par les portières qui viennent y *débiner* les bonnes, et par les bonnes qui viennent y *arranger* les portières. Quelle gazette scandaleuse elles rédigent là, en plein vent, ces journalistes de la loge et de l'office !

Cinq Heures du matin

CINQ HEURES DU MATIN

Depuis une demi-heure on a éteint les lanternes municipales. De blafard qu'il était, le jour est devenu plus franc. Les coqs des faubourgs embouchent leur clairon tapageur — plein de notes fausses — que je n'entends jamais sans songer au reniement de Jésus par saint Pierre. La ville, un instant dépeuplée, retrouve peu à peu son animation, son bruit, ses habitants ordinaires.

Les ouvriers *vont à l'ouvrage*, le pain de la journée sous le bras, avec les outils. L'atelier est loin, le chantier aussi : il faut une heure, et quelquefois deux, avant d'y être arrivé. Le sommeil a réparé les forces perdues la veille : ils s'en vont allègrement, seuls ou par bandes, sifflant ou riant, mais toujours marchant d'un pas rapide; et lorsque sur leur passage ils trouvent un *mastroquet* ouvert, ils entrent y « écraser un grain », ou y « tuer le ver », ou s'y « éclairer le fanal », avec un canon de vin blanc ou un *polichinelle d'eau d'af*. Leur vieillesse s'en ressentira, — s'ils atteignent jamais la vieillesse; en attendant, leur jeunesse en est regaillardie, et cela leur suffit. Quelquefois, le lundi par exemple, ils s'attardent trop chez le mastroquet, ils y écrasent trop de grains, ils y tuent trop de vers, ils s'y éclairent trop le fanal, et la journée, ainsi entamée, se continue de même. Trois francs de plus dans le comptoir du cabaretier, trois francs de moins dans la poche de la ménagère. — « Ne te plains pas, ou je cogne!... »

Le chemin de fer de l'Ouest jette sur le pavé sa fournée de voyageurs venant du Havre, le chemin de fer de l'Est sa fournée de voyageurs venant de Strasbourg, le chemin de fer du Nord sa fournée de voyageurs venant de Bruxelles ou de Berlin : les voitures les charrient à l'hôtel, eux et leurs bagages. Ceux qui débarquent à Paris pour la première fois doivent être bien désappointés : où donc est le Panthéon? où le Louvre? où les Invalides? où l'Alcazar? où le Cirque de l'Impératrice? Il y en a qui s'attendent à trouver tous ces monuments réunis dans la gare comme ils le sont sur la couverture de leur *Guide*.

En attendant qu'ils voient tout cela en bloc, ces nobles étrangers en surprennent quelques détails à travers les portières de leurs voitures; en attendant qu'ils fassent connaissance avec les pierres, ils font connaissance avec les gens.

Pour eux, cela ne signifie peut-être rien, ces soldats isolés, caporaux ou sergents, qui se dirigent, le fusil sur l'épaule, vers la place Vendôme? Et, de fait, un soldat qui marche sur le boulevard comme un simple bourgeois, cela n'a rien d'extraordinaire. Cependant ce soldat, et puis cet autre, se rendent à l'Etat-Major où, dans la boîte en fer-blanc qu'ils balancent au bout de leurs fusils, on va glisser le « mot d'ordre » en remplacement des *marrons* qui s'y trouvent. Le mot d'ordre! Imaginez de quelle importance cela peut être — un jour de trouble?... Le mot d'ordre! L'homme qui le porte est revêtu d'un pouvoir extraordinaire qui ne lui sert pas plus que sa grande force ne servait à Polyphème, non parce qu'il est aveugle comme ce géant, mais tout simplement parce que sa boîte a un cadenas...

En même temps que les soldats se rendent à l'État-Major, les facteurs — ces autres uniformes —se rendent à l'Hôtel des Postes, leur Etat-Major, pour y faire aussi remplir leurs boîtes. Les lettres sont triées, — des montagnes de lettres écrites par Paris à Paris.

Six Heures du matin

SIX HEURES DU MATIN

« *Ave, Maria,*
Car voici l'heure sainte
Où la cloche tinte.
Ave, Maria ! »

C'est l'Angelus, la voix d'argent du Muezzim catholique conviant les fidèles à la prière, — ce travail de l'âme. Une voix mélancolique et charmante, mais qu'il faut entendre de loin et dans les champs.

« Dieu ! que le son du cor est triste au fond des bois ! »

L'Angelus aussi. A Paris, au milieu du bourdonnement confus et discordant de cette ruche d'un million et demi d'abeilles — et de frelons, — cette voix grave se profanise et son glas mélodieux s'encanaille. Ceux qui l'entendent ne la comprennent pas, et ceux qui la comprendraient sont sourds. On prétend que la religion est une paire de béquilles nécessaires aux gens qui ont les jambes faibles : on ne rencontre que des gens qui marchent dru, à six heures du matin...

Les portes des cimetières s'ouvrent pour recevoir leurs visiteurs et leurs pensionnaires, — les uns à pied, les autres en voiture, — ceux-ci debout, ceux-là couchés. Parmi les visiteurs, quelques parents — et beaucoup de marbriers chargés de prouver leur douleur, et de jardiniers chargés de l'arroser.

Le jardin du Luxembourg s'ouvre aussi, et les soldats de la caserne de Lourcine et des autres quartiers d'infanterie de la rive gauche viennent prendre possession de la grande allée de l'Observatoire, où pendant deux heures ils se livrent aux douceurs de l'*École d- peloton*, — à laquelle je ne suis jamais allé, ne me sentant pas un goût bien prononcé pour le bâton de maréchal de France,

. . . . Avec lequel on berne
Le fantassin, qui croit l'avoir dans sa giberne.

Quelques rentiers matineux — de ces gens dont l'unique occupation consiste à regarder travailler les autres — suivent d'un regard souriant ces évolutions qui leur prouvent qu'en France la graine de guerriers est aussitôt levée que semée; il leur plaît en outre de supposer qu'ils assistent à de rudes escarmouches, à de violents engagements à l'arme blanche, dont ils pourront raconter les émotionnantes péripéties à leurs amis et connaissances, le soir, à dîner, entre la poire et le fromage. C'est leur seule façon de raconter leurs campagnes, — à ces vieux invalides civils.

Ils ne sont pas seuls à assister aux répétitions des « jeux sanglants de Mars » : un certain nombre de gamins du voisinage, d'apprentis en route pour l'atelier, s'arrêtent aussi volontiers là, marquant le pas comme les *pious* et mimant tous leurs exercices. Les gamins aiment les soldats, à cause de l'uniforme et du fusil, — et puis, malgré l'exemple qu'ils ont sous les yeux, parce qu'il leur semble que les soldats ne travaillent pas.

Rentiers et gamins sont heureux, — mais les pierrots de la grande allée de l'Observatoire sont bien malheureux de tout ce cliquetis de ferraille, et il leur tarde bien que le général divisionnaire ait passé son inspection, pour reprendre possession de leurs chers marronniers aux thyrses roses et blancs.

Vers six heures et demie apparaissent les porteurs de journaux, glissant prestement sous les portes des boutiques et des maisons les feuilles, « encore humides des baisers de la presse, » qui vont donner à MM. les concierges *la suite* du roman en cours de publication, — *les Catacombes* de Clémence Robert ou *les Chevaliers du Lansquenet* de Ponson du Terrail, la George Sand et l'Alexandre Dumas des petites bourses intellectuelles. Après une station suffisante dans la loge, *le Siècle* ou *le Pays* iront aux étages supérieurs apprendre à M. Prudhomme et à sa nombreuse famille ce qu'ils doivent penser de la conduite de la Prusse et de l'attitude de l'Angleterre, de l'insubordination de Juarez et de la proclamation de Rhadama II, du temps prédit par Mathieu (de la Nièvre) et de la marche du choléra, de ceci et de cela, et de mille autres choses encore. C'est bien agréable — bien commode surtout — de recevoir ainsi une opinion toute mâchée : la digestion en est plus facile!

Et pendant que messieurs les bourgeois se gobergent dans la lecture du journal de leur choix, les matelassières s'installent en plein vent, sur la place du Caire, pour attendre les chalands. Elles en ont pour quatre heures, quelque temps qu'il fasse, à se tenir accroupies plutôt qu'assises sur leur petit tabouret, et à supputer le nombre de pièces de quarante sous qu'il faut pour entrer aux Petits-Ménages, — leur paradis... Quelques-unes, plus obstinées, ne se contentent pas de cette attente — souvent inutile : elles reviennent encore stationner sur la place du Caire, de quatre à six heures du soir.

Sept Heures du matin

SEPT HEURES DU MATIN

LES boutiques ouvrent leurs volets. Le garçon marchand de vins du coin lance un œil *marécageux* au trottin de la modiste d'en face, — petite fille à tout faire, qui rêve chaque nuit du prince Charmant, et dont, à cause de cela, le cœur n'a plus le moindre volet à enlever. Pauvre fille! tout le monde se moque d'elle parce qu'elle est mal fagotée, parce qu'elle est timide, parce qu'elle rougit à propos de rien depuis les mains jusqu'aux oreilles... Tout le monde se moque d'elle, — excepté moi, à qui elle rappelle la jeune fille de la légende finlandaise :

« Une fois sa mère lui dit : « Mon enfant, « pourquoi tes mains sont-elles rouges ? — Ma « mère, j'ai cueilli des roses, les épines m'ont pi- « qué les doigts. » Une autre fois, sa mère lui dit : « Mon enfant, pourquoi tes lèvres sont- « elles rouges ? — Ma mère, j'ai cueilli les fruits « de la bruyère et leur suc a coloré mes lèvres. » Une autre fois, sa mère lui dit : « Mon enfant, « pourquoi ton visage est-il pâle ? — O ma mère ! « fais creuser une fosse profonde, ensevelis-moi « dans le cercueil, pose une croix sur ma poi- « trine, et sur cette croix grave ces mots : *Un jour,* « *elle s'en revint avec les mains rouges, parce que son amant* « *les avait serrées entre les siennes; un autre jour, elle s'en* « *revint avec les lèvres rouges, parce que son amant les* « *avait couvertes de baisers; un soir enfin, elle s'en revint* « *avec le visage pâle, parce que son amant l'avait trahie.* » Pauvre trottin ! Heureux garçon marchand de vins !

Pendant que les boutiques s'ouvrent, messieurs les domestiques vont au Bois ou sur les boulevards extérieurs sous le prétexte de promener les chevaux de leurs maîtres, — mais, en réalité, pour se promener eux-mêmes. La veille, Jean, duc de Lévis,

a dit à Louis, marquis de la Rochejaquelein (1) :
« Demain, à sept heures et demie, nous prendrons le vin blanc au *Pavillon d'Armenonville*. » Et Louis, qui ne s'est pas rougi le nez à sucer de la glace le long des gouttières, s'empresse au rendez-vous, afin d'arriver le premier, — au risque de couronner son cheval, le frère de *Gladiateur* peut-être.

Si je n'étais mon propre maître, je voudrais être mon domestique. L'indépendance me rend fier, mais l'esclavage me ferait plus content. On dit « heureux comme un roi », on devrait dire « heureux comme un domestique ». Les domestiques n'ont à s'occuper de rien et tout leur vient à souhait. Ils sont nourris, habillés, logés, chauffés et éclairés, sans avoir un sou à donner au boucher, au tailleur, au propriétaire, au charbonnier, à l'épicier, — puisque au contraire ils reçoivent des *épingles* de tous les fournisseurs. Jamais un créancier ne les insultera dans la rue à propos d'une « petite

---

(1) Il faut apprendre cela aux lecteurs qui peuvent l'ignorer : les domestiques, entre eux, ne s'appellent pas de leurs noms, mais du nom de leurs maîtres, — ce qui est souvent compromettant pour ceux-ci.

note ». Jamais ils ne connaîtront le souci d'une échéance. Jamais ils n'iront à Clichy. Jamais ils ne monteront leur garde. Exempts de toutes les graves corvées qui incombent au reste des hommes, affranchis — ces esclaves! — de tous les devoirs sérieux qui font notre misère et notre honneur, à nous autres simples hommes, ils descendent gaiement le ruisseau bourbeux de la vie aux bras des chambrières, leurs camarades de chaîne. Une chaîne de fleurs!

Oui, si je n'étais mon propre maître, je voudrais être mon domestique. L'indépendance me rend fier, mais l'esclavage me ferait plus content...

Malgré les charmes de la domesticité, je doute cependant que les ouvriers boulangers qui sortent à sept heures du fournil, leur pain de deux livres sous le bras, voulussent troquer leur modeste veste grise contre la livrée bariolée des potentats de l'antichambre. Ce qui va à ceux-ci comme un gant brûlerait les épaules de ceux-là comme la tunique de Nessus. Il faut être *né* pour être vraiment gentilhomme : vraiment *né* aussi pour être laquais. Le costume du dehors ne jure pas avec le costume du dedans, — l'âme aussi a sa livrée. Ce qui réjouit les domestiques humilierait les ouvriers boulangers. Allez dormir, honnêtes imbéciles qui, en suant d'ahan, avez cette nuit pétri le pain que vont manger ce matin ces spirituels coquins : votre métier vaut cent fois mieux que le leur, quoiqu'il rapporte dix fois moins.

J'en dirai volontiers autant aux petites ouvrières qui se rendent au magasin ou à l'atelier, pendant que les cuisinières se rendent aux marchés des quartiers, dont l'ouverture vient d'être annoncée à son de cloche. Il est doux, assurément, de faire danser en chemin l'anse du panier; assurément il est dur de songer en route aux maigres trente sous que vont rapporter douze heures de travail. Sans doute, il est agréable d'aller et venir d'un étal à l'autre, de tailler une bavette avec cette poissonnière, de se laisser pincer la taille par ce fruitier, de flairer les bouquets aussi longtemps que les maquereaux, pour s'assurer qu'ils sont frais; il est pénible sans doute de se piquer les doigts en bordant des jupons ou en passementant des bavolets qui seront portés par d'autres, de n'avoir pour distraction, tant que dure la journée, que le grincement des ciseaux ou celui des étoffes; de se dire que le déjeuner pris en passant le matin, à la crémerie, était bien sommaire, et que le dîner qu'on fera chez soi en rentrant ne sera guère plus gras : mais les cuisinières ne sont que des cuisinières, et les ouvrières sont de braves filles qui ont bien mérité de leur patrie — qui est le ciel. Le travail de Marthe est meilleur que l'oisiveté de Marie aux yeux des gendarmes de là-haut — qui ne laissent pas entrer tout le monde. *Pergite, Pierides!* Courage, Muses de l'atelier, humbles filles des mansardes! Le travail a ses épines, mais le devoir a son parfum. Laissez dire et faire aux autres, aux cuisinières qui font danser l'anse du panier et aux drôlesses qui font danser le panier, celles-ci au marché, celles-là sur les boulevards, — un autre marché! Laissez les poëtes paraphraser le *crescunt, non laborant* classique : les lys du quartier Bréda ont le double tort de ne pas travailler et de croître — sans embellir. D'ailleurs, les lys — femmes ou plantes — n'ont pas longtemps à faire les orgueilleux : *hodie floret, cras nihil!* D'ailleurs aussi, l'oisiveté la plus dorée entraîne toujours avec soi l'ennui — qui en est le remords inconscient, — et l'ennui et l'oisiveté sont deux vilaines bêtes, comme le disait fort justement à sa fille madame de Sévigné.

Demandez plutôt à ces *petites dames* qui regagnent en toilette tapageuse, d'un singulier effet sur les trottoirs à sept heures du matin, la remise d'où elles sont sorties vers minuit sur les instances métalliques d'un monsieur quelconque — mais sérieux — qui devait être gris, et qui, maintenant qu'il est dégrisé, doit regretter ses instances. Demandez-leur si la vie qu'elles mènent est bien gaie, malgré les folies qui l'agrémentent. Si elles étaient aussi sincères qu'elles sont fatiguées, elles vous répondraient que vous êtes dans le vrai et qu'elles sont dans le faux, que le bonheur n'est pas dans le plaisir, que monseigneur Tout Le Monde est une majesté plus ennuyeuse à amuser que Louis XIV, et que mieux vaudrait pour elles être attelées aux petites voitures de la Compagnie Ducoux, qui sortent de leur remise quand elles rentrent dans la leur : Paris est peut-être l'enfer des chevaux, mais il n'est pas le paradis des femmes.

Petites voitures, petites dames, pouah! Je préfère encore un grand carrosse à moi tout seul, et une grande dame — à moi tout seul aussi.

En même temps que ces vendangeuses d'amour, revenant des vignes de Cythère, on rencontre dans les rues, à sept heures du matin, les tombereaux des *boueux*, qui recueillent les tas d'immondices, les rebuts et les détritus de chaque maison, débris animaux et végétaux, scories naturelles de la grande chaudière parisienne, — sans compter les nouveau-nés sortis des entrailles de mères sans entrailles. Tout cela forme la *gadoue*, l'engrais si recherché par les paysans des environs de Paris, qui s'en servent pour faire pousser nos violettes et nos fraises, — les parfums les plus exquis, les fruits les plus savoureux. Sur un de ces « tas », dans une rue dont j'ai oublié volontairement le nom, devant une maison dont j'ai désappris le numéro, je reconnus, un jour, un bouquet de camellias blancs et de violettes de Parme que je *lui* avais envoyé la veille et qu'*elle* m'avait promis de conserver « éternellement », dans un vase d'abord, dans un tiroir ensuite, — et même un peu sur son cœur. Jobard, va!

Les chiffonniers se hâtent d'enrichir à coups de *sept* leur *carquois d'osier* de toutes ces dépouilles, de toutes ces épluchures, de tous ces haillons, de tous ces trognons, de tous ces tessons, de tout ce fumier composite — dont ils font leurs choux gras. Ils se hâtent, parce qu'ils ne veulent pas voir leur bien saccagé par les omnibus, qui commencent à rouler, ébranlant les maisons, déchaussant les pavés, se vidant et se remplissant cinquante fois en route, comme autant de tonneaux de Danaïdes. Omnibus! Le vilain nom et la vilaine voiture! C'est la promiscuité des genoux, des coudes — et des haleines. Et ils appellent cela le Progrès, les Frères Ignorantins de la Démocratie!...

Hâtez-vous donc, chiffonniers « ses frères », puisque c'est votre métier de vivre, comme l'escarbot, de toutes les saletés humaines, et remontez *triquer* vers Batignolles ou vers la Montagne-Sainte-Geneviève, le quartier des alchimistes de votre connaissance, des abstracteurs de quintessence qui transmuent la boue en or!

Huit Heures du matin

HUIT HEURES DU MATIN

On ouvre les bornes-fontaines, non pour désaltérer les passants, mais pour rafraîchir les pavés, échauffés des baisers du soleil. A Paris on ne boit pas l'eau, on la répand, — l'eau, la « meilleure chose », à ce que prétendent Pindare, Christophe le sculpteur, et Nadar. Ce serait, en effet, la meilleure chose — si le vin de Bourgogne n'existait pas. J'excuse Pindare, mais je ne saurais pardonner à Nadar et à Christophe.

Les commis de la *Librairie centrale* ouvrent la boutique où sont entassés tant de volumes nés d'hier et destinés — quelques-uns du moins — à mourir demain : volumes roses et bleus, jaunes et verts, signés de noms connus et de noms inconnus, des chefs-d'œuvre presque tous, car tout le monde en fait aujourd'hui, — moi excepté.

Pendant que les étudiants piocheurs se dirigent vers l'Ecole de Droit, leurs Codes-Rogron sous le bras, les garçons de café — ceux qui ne couchent pas sur le billard — reviennent de chez eux chez leurs patrons respectifs. On les reconnaîtrait entre mille Parisiens, à cause de leur visage rasé comme celui d'un prêtre ou d'un avocat, et aussi à cause de leur costume qui participe du notaire et du domestique : cravate blanche, pantalon noir, escarpins vernis, veste ronde et casquette. Tout en marchant, chacun d'eux fait son rêve comme Perrette — et, comme elle, renverse son pot-au-lait : il se voyait déjà l'époux de la fille du patron et le successeur de son patron, et il lui faut reprendre le tablier blanc, la livrée de la plus odieuse domesticité, — celle qui consiste à être le domestique de tout le monde.

Ces ambitieux-là ne m'intéressent guère, malgré

les amertumes de leur état. Je m'intéresse davantage à celles des tailleurs, que l'on rencontre par les rues à la même heure, empressés, leur *toilette* sous le bras. Ils ont travaillé toute la nuit, peut-être, pour terminer ce pardessus, ou cette redingote, ou cet habit avec lequel M. Arthur de Beaufumé va se pavaner tantôt sur les boulevards, et M. Arthur de Beaufumé, au lieu d'argent, leur donnera sans doute des promesses et des compliments, — une vilaine monnaie! La scène de Don Juan et de M. Dimanche.

C'est dur, n'est-ce pas, de travailler ainsi pour le roi de Prusse, — surtout lorsqu'on est républicain comme le sont la plupart des tailleurs? C'est dur, et je comprends presque la mauvaise humeur aveugle de ces braves gens, qui confondent volontiers les débiteurs de bonne foi, empêchés de payer, avec les débiteurs malhonnêtes qui ne veulent jamais payer. Malheur à celui qu'ils rencontrent à l'improviste, au coin d'une rue, après l'avoir guetté si longtemps sans pouvoir le rencontrer! Malheur! M. Dimanche prend alors sa revanche de Don Juan, — et Don Juan est très-humilié. Les passants s'arrêtent, se groupent autour du débiteur harponné par son créancier, et sourient des injures que celui-ci débite à celui-là avec une verve et une abondance rares. Quand on croit qu'il n'y en a plus, il y en a encore. Le débiteur, rouge de confusion, cherche une issue pour échapper au bourreau qui l'exécute ainsi en pleine place publique ; il appelle à son secours l'intervention de n'importe qui et de n'importe quoi, un ami ou une révolution, un nuage ou un sergent de ville : personne ne vient ni n'intervient, il boit jusqu'à la boue cette coupe de reproches que son créancier approche à chaque instant de ses oreilles. O misère! être livré aux fureurs d'un goujat et aux risées des imbéciles parce qu'on n'a pas eu cent francs à heure fixe! Le créancier a des droits, mais il n'a pas celui de vous déshonorer ainsi en public ; il l'a si peu que je trouverais très-légitimes, de la part du débiteur outragé, des représailles brutales, des injures parlées avec la main sur les joues de son créancier et avec le pied sur — ses autres joues.

Car enfin, la loi offre à ces braves gens d'autres moyens de se venger : les clercs d'huissier qu'on aperçoit, dès huit heures du matin, comme autant d'oiseaux de mauvais augure, arpentant de leurs longues jambes les rues et les boulevards, — les clercs d'huissier sont là pour le prouver. Vous ne voulez pas payer? je vais vous faire vendre. Je sais bien que là où il n'y a rien le roi perd ses droits, et que beaucoup de débiteurs ont des meubles aussi insaisissables qu'eux-mêmes... mais enfin les huissiers ne sont pas faits pour les chiens...

Non moins empressés que les tailleurs et les saute-ruisseaux, circulent les facteurs, dont la boîte ressemble trop à celle de Pandore. C'est une averse de mauvaises nouvelles — billets de deuil, lettres de mariages, notes de créanciers — que distribuent ces tuniques vertes à collet rouge. Ce n'est pas moi qui lirai jamais une lettre avant déjeuner, de peur de ne pouvoir manger; ni avant de me coucher, de peur de ne pouvoir dormir! Nonchalance souvent fatale, — témoin Jules César et Archias, tyran de Thèbes, lesquels n'eussent pas été tués s'ils avaient ouvert à temps les lettres qu'on leur envoyait... Bast! à demain les affaires!

Malgré cela, j'avoue que la rencontre d'un facteur ne m'est jamais indifférente. Cette petite boîte qu'ils portent sur leur ventre, comme saint Denis sa tête, m'intrigue toujours fortement, et, quelquefois même, me cause un peu d'émotion. A ce point que, soit à la campagne, soit à Paris, loin de mon domicile enfin, quand je me croise sur le trottoir ou sur la route avec un *piéton*, j'ai toujours envie de lui demander sérieusement s'il n'a pas une lettre pour moi.

Les élèves de l'Ecole des Beaux-Arts sont entrés depuis une heure, dessinant ou peignant d'après le modèle vivant monté sur la table; voici les rapins des deux sexes qui entrent au Louvre, où tant de chefs-d'œuvre sollicitent leurs brosses. Celui-ci étudie, celle-là copie; l'un songe peut-être à la gloire, l'autre songe certainement à sa prochaine *commande* : pour celui-ci la peinture est un art, pour celle-là c'est un métier. Triste métier, — qui ne rapporte guère que des quolibets!

Pourquoi pas chanteuse des rues? Cela rapporte un peu plus d'argent, et quelquefois cela mène loin — quand on s'appelle Rachel. Les voilà justement qui s'aventurent dans les rues, les petites *cigales*, en compagnie des racleurs de violon et des joueurs d'orgue, — Paganinis de l'Auvergne ou de l'Alsace vomis chaque matin sur les pavés de la grande ville par les garnis des environs de la place Maubert, pour le supplice de nos oreilles. Ce sont les rapins de la musique, tous ces pauvres diables des deux sexes qui, de la voix ou d'un instrument quelconque, *copient* les grands airs de la *Juive* ou du *Trovatore*, comme les autres rapins du Louvre écorchent, sous prétexte de les interpréter, les grandes harmonies des toiles de maîtres. C'est une profanation autorisée par la Préfecture de police. Et encore, on ne dirait rien s'ils se contentaient d'écorcher nos oreilles en écorchant Verdi ou Meyerbeer, Hérold ou Rossini ; mais les misérables joignent la parole à la musique, — des *Fallait pas qu'y aille, J'ai un pied qui r'mue, Ah ! Zut alors si ta sœur est malade*, et autres ordures à la mode dans les salons de la Courtille. Ils vous feraient fuir Paris — s'il était possible de fuir cette diablesse de ville, qu'on aime précisément à cause de ses « verrues ».

Je ne sais pas si vous êtes comme moi, mais, quoi qu'ils jouent de folichon, les orgues de Barbarie ou d'Alexandre me causent toujours une impression sinistre : il me semble que la maison devant laquelle ils sont en train de moudre un air est la maison Bancal et qu'on y saigne quelque respectable M. Fualdès...

Il est huit heures, les chefs de clinique se rendent à leurs hôpitaux respectifs, où leur visite est impatiemment désirée — et en même temps appréhendée — de leurs malades, pleins d'espérance et de crainte. On *blague* la mort quand on est debout ; mais on aime la vie quand on est menacé de la perdre, c'est-à-dire couché sur un lit d'hôpital. L'homme alors, vaincu, redevient enfant, avec toutes les puérilités, toutes les transes ridicules, toutes les pleurnicheries même de l'enfance.

Il est vrai que l'aspect du médecin n'est pas fait pour rassurer les esprits déjà frappés de peur. C'est un personnage grave, impassible, qu'on est disposé à croire cruel à cause même de cette impassibilité, et qui du reste ne voit qu'un *cas* là où tout autre que lui verrait un homme. Et puis, son tablier blanc, son tablier blanc ! Cette blancheur immaculée épouvante l'imagination : on y distingue des taches de sang invisibles, — les éclaboussures d'une amputation qui n'est pas encore faite... Cela impressionne les malades dont le cœur n'est pas solidement accroché, et, pour un peu, ils se diraient guéris afin de sortir au plus vite, d'échapper à cette obsession, qu'augmente encore la présence des *carabins*, les internes et les externes, en tablier blanc, eux aussi, — graine de boucher !

Au fait, pourquoi les chefs de clinique et leurs aides ne feraient-ils pas dans les salles une entrée de ballet comme dans *M. de Pourceaugnac?* Des matassins dansant au son des violons dissiperaient ces terreurs folles qui saisissent toujours les malades vers huit heures du matin, au moment de la visite, et qui ne cessent que deux heures après, lorsque le médecin et ses élèves sont partis. Ce serait salutaire peut-être, — et, en tout cas, nouveau.

Les watchmen vont au rapport de leurs quartiers respectifs : ils se hâtent afin d'être plus vite débarrassés, et tricotent des jambes afin de pouvoir mieux bientôt se croiser les bras. C'est le moment où les contraventions sont le plus rares, — les gamins le savent bien !

Les ânes aussi. Il en est un, surtout, qui a l'air de savoir cela mieux que personne. Attelé à une petite charrette de marchande des quatre saisons, chargée d'approvisionner quelques maisons de mon quartier, il s'arrête de lui-même et barre la rue sans s'occuper des autres voitures. Sa maîtresse est entrée dans cette boutique de fruitière, et, pendant qu'elle taille une bavette avec sa pratique, maître Aliboron s'approche sournoisement de l'étalage, qu'il écrème en silence, dédaignant les choux pour les bottes de carottes, si appétissantes ! Tous les matins, c'est le même manége, à la même heure, devant la même boutique, — et personne encore ne l'a pris en contravention, ni la fruitière, ni les sergents de ville, dont il épie le retour du coin de son œil malin...

Neuf Heures du matin

NEUF HEURES DU MATIN

P ROSECTEURS et *carabins* vont à Clamart — le sinistre Clamart du faubourg Marceau — où les attendent les *sujets* retenus par eux la veille : « un adulte, 30 fr.; un enfant, 20 fr. » Qui donc a dit que l'homme ne valait plus rien après sa mort?

Le peuple a une horreur instinctive — et déraisonnée — des carabins, et, s'il osait, il se signerait volontiers chaque fois qu'il passe devant l'École pratique de la rue de l'École-de-Médecine et devant les salles de dissection de la rue Fer-à-Moulin. Pour lui, les gens qui entrent là, élèves ou prosecteurs, sont des profanateurs de chair humaine, qui ne demandent pas même pardon à Dieu de leur profanation, comme André Vésale dans le tableau d'Hamman. Il se refuse à vouloir qu'on recherche la vie dans la mort, qu'on étudie la santé sur la maladie, — c'est-à-dire qu'on apprenne à le guérir.

Pourquoi alors ces *queues* formidables, chaque matin, vers neuf heures, à la porte des principaux hôpitaux? Que vient-il chercher là, sinon des consultations? Et s'il a foi dans les ordonnances des médecins de la Pitié ou de Saint-Louis, où veut-il que ces médecins aient appris, sinon à Clamart, la science devant laquelle il s'incline? Il devrait bien être un peu plus conséquent avec lui-même, lui qui répète sans cesse, précisément, qu'on ne fait pas d'omelette sans casser des œufs. D'ailleurs, son horreur des carabins n'est pas autre chose que son horreur de l'amphithéâtre, et son horreur de l'amphithéâtre n'est pas autre chose qu'un attachement vaniteux à sa guenille mortelle. C'est aussi bête que son horreur de la fosse commune, où d'illustres hommes — Lamennais et Proudhon entre autres — ont demandé à être enterrés.

Pendant que les étudiants en médecine attaquent leurs *sujets* à Clamart ou à l'École pratique, les élèves de M. Mocker, qui viennent d'entrer au Conservatoire, attaquent leurs gammes et leurs vocalises. Une occupation bien différente, comme vous voyez! Et si ces aimables petites demoiselles, qui étudient l'art d'élever les notes et de s'en faire cinquante mille francs d'appointements, savaient qu'à l'autre extrémité de Paris, au fond du faubourg Marceau, d'aimables jeunes gens sont en train de dépecer des quartiers humains, cela figerait peut-être le son dans leur gorge. Mais elles ne le savent pas, et leurs fioritures vont leur train!

Ils ne le savent pas non plus — et d'ailleurs ils s'en moqueraient — les gamins qui emboîtent le pas aux détachements de *tourlourous* qui vont relever les postes. Il faut le répéter toutes les fois qu'on en trouve l'occasion : le gamin de Paris aime les soldats, — bien qu'il tire dessus dans les émeutes. Il aime les soldats, parce qu'il se sent né soldat lui-même, parce qu'il aime le bruit du tambour et l'odeur de la poudre, parce qu'il est le fils des vieux *truffards* de la République et de l'Empire, — parce qu'enfin il est Français! Ah! comme il est bien fait pour porter le joug, ce peuple qui se plaît à aller imposer le sien aux autres nations, sous prétexte de civilisation! Et comme il avait raison, cet ancien qui disait : « On aura toujours plus facilement raison de la belliqueuse Sparte que de la savante Athènes...! »

Tout en suivant la garde montante ou la garde descendante, les gamins tirent la langue et font le pied-de-nez aux bourgeois qui les regardent passer, mêlés aux pantalons rouges. Et, à ce propos, avez-vous remarqué la persistance de cette race à se reproduire sans la moindre altération de type, — comme le pierrot, ce voyou à plumes? Le gamin que je rencontre aujourd'hui est le même que celui que j'ai vu il y a vingt ans; il a le même costume, le même visage, le même argot, les mêmes gestes. Moquerie à part, que signifie exactement ce pied-de-nez qui se transmet si pur de génération en génération, comme un tic héréditaire? Ce n'est pas le gamin de Paris qui l'a inventé, puisqu'on le retrouve sur les murs de Pompéi. Qui, alors?...

De même aussi, pourquoi les maçons sont-ils tous depuis si longtemps des Limousins, et pourquoi ont-ils l'habitude d'aller déjeuner à neuf heures du matin plutôt qu'à une autre heure? Dites-le-moi, si vous le savez, car je l'ignore.

Ils étaient occupés à crépir une façade, à fignoler une plinthe, à ourder une cloison, à ravaler un pan de mur : l'heure de la réfection a sonné le premier coup des neuf, et ils ont rejeté au loin avec empressement, comme s'ils avaient eu un charbon ardent dans les mains, la poignée de plâtre qui tremblait sur leur truelle, l'auge dans laquelle ils étaient en train de gâcher serré, le moellon qu'ils allaient placer d'aplomb sur d'autres moellons. « Ohé! la coterie! à la soupe! » Les voilà qui courent, comme des pompiers au feu, vers la gargote la plus voisine, où, moyennant cinq sous, ils vont éteindre leur appétit avec un *ordinaire* plantureux. Heureux les maçons, — car ils connaissent leur bonheur!

Ils connaissent leur bonheur, mais ils ignorent le nom de l'homme — Monselet dirait de l'ange —

à qui ils le doivent, et je serais bien embarrassé de le leur dire. Je sais, par mon voisin qui a beaucoup voyagé, ou par ma voisine qui a beaucoup lu, que les Chinois mangent des nids d'hirondelles, les Turcs du *pilau*, les Indiens Macoushie du *pacou*, les Mongols du *scharabonda*, les Arabes du *couscoussou*, les Taïtiens du *mahie*, les habitants du Singapour du *dugong*, les habitants de Mascate du *hulwah*, les Russes du *caviar*, les Lapons du renne, les Caraïbes de l'homme, les Irlandais de la terre, les Italiens du macaroni, les Allemands de la choucroute, les Cosaques de la chandelle, — mais je ne sais pas quel peuple a mangé le premier *pot au-feu*, mais je ne connais pas plus que vous le nom du Petit Manteau Bleu qui a imaginé, pour la première fois, de tremper la soupe à l'Humanité.

La chose en vaut pourtant la peine, car cet *ordinaire* du maçon — ce plat hybride composé d'un morceau de bœuf et d'un bol de bouillon gras, du prix de cinq sous seulement — est l'alimentation la plus saine, la plus restaurante, la plus économique qui soit au monde. On n'a pas trouvé cela tout de suite : qui l'a trouvé ? comment l'a-t-on trouvé ? Voilà ce qu'il importe de savoir et ce que les savants ne savent pas. On fonde tous les jours des prix à propos de choses moins curieuses et moins utiles que celle-là. Où serait le mal, je vous prie, si l'Académie mettait au concours prochainement un *Mémoire sur les origines du pot-au-feu?* Les concurrents manqueraient peut-être de documents précis, mais il leur resterait l'honneur d'avoir essayé d'élucider une question fort obscure, d'avoir tenté d'enlever les toiles d'araignée que le temps et l'injustice des hommes ont accumulées dessus. Il n'y en aurait que dix, que six, que quatre, que trois, ce serait toujours cela, et même s'il n'y en avait qu'un, eh bien! je serais celui-là!

Les employés mettent moins d'empressement à se rendre à leur Ministère, — une galère où ils rament à coups de plume sur un océan de papier. Ah! les pauvres forçats volontaires! comme ils font peine à voir, avec leurs vêtements soigneusement brossés, dans les poches desquels il n'y a qu'un petit pain d'un sou, qu'ils grignotent en chemin, — une manière comme une autre de « déjeuner en ville »… Savez-vous qu'ils ne gagnent pas plus que les maçons, ces dandies bureaucrates qui n'ont pas voulu être ouvriers et qui sont plus misérables que les ouvriers? Douze cents francs par an, cela ne fait pas plus de trois francs par jour, il me semble? Oui, mais ce sont des *messieurs*, et ils savent que les mères qui ont des filles à marier les préféreront toujours aux ouvriers qui gagnent soixante ou quatre-vingts francs par semaine! Les mères sont imprudentes et leurs filles malheureuses, oui, mais elles ont, l'une pour gendre, l'autre pour mari, un EMPLOYÉ! Et l'on prétend que le siècle marche?... Je demande à voir ses bottes.

A la même heure que les employés, les enfants se rendent à l'École, — cet autre bagne dont le *maître* est le garde-chiourme redouté. Livres de ci, panier de là, ils flânent le long des boutiques, écrémant en chemin, à grands coups de langue sournois, leurs tartines de beurre ou de confitures qu'ils remplaceront avec avantage à l'heure du déjeuner et du goûter, — s'ils sont adroits à la *pigoche*, aux *loques* ou au *potet*. Ah! l'heureux temps, mon cher André, que celui où nous « calions l'école »! T'en souviens-tu? Moi, je m'en souviens toujours.

Ce que je me rappelle, ce sont les deux réponses d'enfant que j'ai lues, l'une dans Diderot, l'autre je ne sais où, et qui sont si bien toutes deux l'expression des sentiments de l'enfance écolière.

« Un jour, un enfant, assis au pied du comptoir d'une lingère, criait de toute sa force. La marchande, importunée de ses cris, lui dit : — « Mon ami, pourquoi criez-vous? — C'est qu'ils « veulent me faire dire A. — Et pourquoi ne vou- « lez-vous pas dire A? — C'est que je n'aurai pas « sitôt dit A, qu'ils voudront me faire dire B... » Voilà la première, et voici la seconde, plus courte, mais plus expressive encore :

« Un enfant se tenait rêveur devant la porte de la classe. — « Mon petit ami, lui demande-t-on, « qu'attendez-vous donc là? — J'attends qu'on « sorte... »

Il faut croire que la science est une pilule bien amère, puisque l'Humanité regimbe si fort à l'avaler.

Dix Heures du matin

DIX HEURES DU MATIN

Les portes de la Bibliothèque Impériale roulent pesamment sur leurs gonds, comme si cela les ennuyait de donner accès à la petite foule qui les assiége depuis quelques instants, — ce que M. Prudhomme appellerait les ouvriers de la pensée, et ce que j'appelle tout simplement les rats de bibliothèque, les rongeurs intellectuels qui se nourrissent des livres des autres, qui font des bouquins neufs avec les vieux bouquins.

Ils sont là par douzaines, penchés sur un amas de volumes de toutes les tailles, la plume en arrêt comme une ligne au-dessus d'un étang, à vous donner envie de leur crier : « Eh bien ! messieurs, cela mord-il ? » Les véritables hommes de lettres y sont clair-semés, — j'entends les hommes de lettres connus. Cependant quelques-uns arrivent, les familiers du bureau, Charles Blanc, d'Héricault, Gustave Desnoireterres, Champfleury, et, après ceux-là, seul, majestueux, faisant des effets de front, le célèbre M. Édouard Fournier, qui fait presque aussi bien les vers que le célèbre M. Gagne. Deux crânes poëtes, tout de même !

Charles Joliet — un autre poëte, qui fait aussi de la prose, et que je préfère aux deux précédents — sort de chez lui, les poches farcies de manuscrits de toute nature, les uns bons pour *le Figaro*, les autres bons pour *la Vie parisienne*, quelques-uns destinés à *la Gazette rose*, d'autres réservés au *Journal littéraire* de Millaud. Un bon auteur, Joliet, je le dis sans ironie, en confrère qui se plaît à lire ses confrères, — un très-bon auteur ! Seulement... il croit avoir découvert Diderot et s'imagine que Tackeray a inventé le *snobisme* : deux illusions que je suis désolé de lui enlever d'un seul trait de plume.

Un autre bon auteur, — et le plus bienveillant que je connaisse, — Albéric Second fait son apparition dans les bureaux du *Grand-Journal*. Tout à l'heure, mis en appétit par cette bouffée d'encre d'imprimerie, il ira déjeuner au café Riche, — son Peter's Tavern.

Au moment où il sort tranquillement des bureaux du *Grand-Journal* — qui sont aussi ceux du *Figaro* — H. de Villemessant y entre comme une bombe. Vite, vite, des oreilles, des oreilles ! il a quelque chose à dire ou à conter, — quelque plan de journal ou quelque plaisanterie de haute graisse. Duchesne écoute, Magnard écoute, Claretie écoute, — et *l'Événement* est fondé. Diable d'homme ! tout lui réussit de ce qui craquerait dans la main d'un autre ! Il doit avoir par moments, quand il va à Étretat, l'envie de jeter sa bague à la mer, comme Polycrate..

Des coucous réformés, c'est-à-dire déformés, et fermés du haut en bas, roulent le long des quais qui avoisinent la Préfecture de police, traînés péniblement par de pauvres vieux chevaux apocalyptiques auprès desquels la *Rossinante* de Don Quichotte eût paru un *Gladiateur*. Sur le siége, un cocher approprié au cheval et à la voiture fume sa pipe, sans plus de souci des voyageurs qu'il conduit que s'ils n'existaient pas.

Elles existent si peu, en effet, les voyageuses de ces mystérieux et fantastiques coucous! Ce sont les Manon Lescaut de la banlieue qu'un règlement qu'elles n'osent enfreindre appelle chaque semaine dans ces parages. Elles y viennent en voiture; mais les Manon Lescaut de l'intérieur de Paris s'y rendent à pied, et c'est même un spectacle curieux pour les moralistes que celui que présentent, depuis dix heures du matin, les abords de la rue du Harlay. J'ai constaté plus d'une fois que ces malheureuses diablesses, que l'on accuse de ne plus savoir rougir, rougissent cependant encore — quand elles franchissent la petite porte basse par laquelle elles ne ressortent pas toujours... « Allons! bon! voilà Mélie à la campagne! » s'écrie l'*amant*, après avoir suffisamment attendu chez le marchand de vins du coin.

D'où venait Mélie avant d'en être venue là?

Sans doute du quartier latin, qui est, pour les filles, l'antichambre du *Prostibulum*, comme il est, pour les garçons, l'antichambre de la gloire : les filles deviennent filles, et les garçons avocats ou médecins. Pendant qu'elles entrent rue du Harlay, ils sortent de l'École de Droit. Ceux qui ont passé leur thèse et ont acquis ainsi le droit de porter la toge se dirigent à cette heure vers le Palais de Justice, leur *serviette* sous le bras, — une serviette bourrée de papier blanc... Cela fait bien, un gros portefeuille! Cela fait croire aux plaideurs de la salle des Pas-Perdus que vous êtes surchargé d'affaires, et ils se hâtent de vous confier leurs procès, comme la poule se hâte de pondre quand elle voit le *nichet* de plâtre.

Il y en a de jolies, parmi les Manon de la rue du Harlay; mais elles ne valent pas, comme élégance, les actrices qui se rendent aux répétitions. Le bulletin qu'elles ont reçu ce matin marque dix heures *pour le quart*, et il faut être là, sous peine d'amende. Elles sont sorties du théâtre à minuit, elles ont soupé à une heure, peut-être ne se sont-elles couchées qu'à deux heures : combien de temps ont-elles dormi? L'espace d'un rêve! Et l'on dit que les artistes dramatiques sont des paresseux!

J'ai un ami, enthousiaste de théâtre — et de jolis yeux, —.qui tous les jours monte la garde dans le passage des Panoramas, galerie des Variétés, pour voir entrer par la petite porte, dite *entrée des artistes*, mademoiselle Vernet ou mademoiselle Silly, mademoiselle Moyse ou mademoiselle Bilhaut. Je souris chaque fois que je le rencontre là, — ne me rappelant pas que jadis j'en faisais davantage pour me rapprocher de mademoiselle Clarisse Trois-Étoiles, alors svelte comme un I, aujourd'hui ronde comme un O...

Messieurs les limousins — bien plus rois de l'époque que les juifs — viennent reprendre leurs truelles, leurs auges, leurs fils-à-plomb, traînant la jambe comme si quelque boulet de 48 y était attaché. Ils auraient si volontiers dormi une heure ou deux!

Ah! ces limousins, ces limousins! comme je les maudirais s'ils n'étaient pas les compatriotes de Jules Noriac!...

Onze Heures du matin

ONZE HEURES DU MATIN

Léo Lespès entre — sous le nom de Timothée Trimm — à l'imprimerie du *Petit-Journal*, rue Montmartre. Quel article va-t-il commettre pour étonner la population? Il a le front chargé de pensées et de soucis. Jules Richard l'a attaqué hier dans *l'Époque*, Victor Koning l'éreinte ce matin dans *le Nain Jaune*; d'autres folliculaires du petit et du grand format le gratteront encore demain où cela ne le démange pas — afin d'y faire venir des ampoules. Pauvre

Timothée ! il paye cher la gloire d'être lu chaque soir par 220,000 électeurs !

Il la paye cher, mais il l'a : cela suffit, le reste est vain ! Moquez-vous de vos moqueurs, radieux soleil du Petit Journalisme, et, comme celui de Lefranc de Pompignan, versez, pour toute vengeance :

> Versez des torrents de lumière
> Sur vos obscurs blasphémateurs !

Nefftzer, le rédacteur du *Temps*, descend de la rue des Martyrs, ruminant le premier-Paris qu'il va jeter en guise de chat entre les jambes du gouvernement — qui a les jambes blindées et cuirassées comme un *Monitor* universel. Le sautillant Beckmann le précède d'un quart d'heure.

H. de Villemessant entre dans le passage Mirès — devenu le passage des Princes après le Waterloo de ce financier. Il s'en va déjeuner chez ce faux Américain qui met sur sa devanture *Peter's Tavern*, quoiqu'il s'appelle Fraisse de son vrai nom et qu'il soit originaire de Cette comme le vin de Madère Bientôt, à la table de cet heureux entrepreneur de journaux, vont se grouper quelques journalistes et quelques boursiers : Naquet et Pauchet, Dollingen et Bourdin, Jules Prével et

V. Koning, Adrien Marx et Rasetti. C'est là qu'il va recevoir les impressions de chacun à propos du dernier numéro du *Figaro*, ou du *Grand-Journal*, ou de *l'Événement*. Gare aux articles de Machin ou aux nouvelles à la main de Chose !

Messieurs les officiers vont déjeuner aussi, dans les tables d'hôte qui avoisinent leurs casernes respectives ou dans les environs de l'École militaire — où les *Maman Vauquer* abondent, par exemple le long de l'Avenue de Lamothe-Piquet. Les officiers de la garde, eux, vont à leur *mess*.

Une messe à laquelle ils ne vont pas, mais à laquelle ils iraient bien vite s'ils savaient ce qu'on y voit, c'est celle de l'Église russe de la rue de la Croix-du-Roule, où se rendent chaque matin, à onze heures précises, une foule de jolies personnes appartenant à l'aristocratie russe et finlandaise. Sans compter les femmes de chambre et les bonnes d'enfants de ces blanches ladies, vêtues de ce bizarre costume byzantin qu'on trouve dans tous les tableaux de l'École italienne jusqu'à Cimabuë : jupon bleu cerclé d'or, gorgerette en mousseline blanche cerclée d'or, bonnet bleu cerclé d'or ! Elles me font toujours rêver du paradis de Mahomet, ces saintes profanes qui suivent leurs maîtresses — dont quelques-unes seraient à peine dignes d'être leurs suivantes.

C'est un effet du même genre qu'elles produisent sur les peintres en bâtiment qui les rencontrent en allant déjeuner. Ce sont de si grands rêveurs, les peintres en décors, — ces loustics du bâtiment !

Onze heures du matin : les abords des mairies sont encombrées de voitures doublées de blanc, d'où descendent, émues et rougissantes, de jeunes filles qui vont devenir jeunes femmes, des vierges du haut ou du petit commerce, heureuses enfin d'être débarrassées du joug paternel. Le mariage est une émancipation !

Je comprends pourquoi, de tous les jours de la semaine, les gens qui vont « serrer le nœud » choisissent plus particulièrement le samedi — qui est la veille du dimanche, jour du repos ; mais je m'explique moins pourquoi l'on exclut le vendredi, qui devrait être au contraire le jour préféré puisque c'est le *Veneris dies*…. O préjugé !

Onze heures : Messieurs les comédiens très-ordinaires de l'Empereur vont à la répétition. Les acteurs du Gymnase aussi.

C'est le moment où les nouvellistes commencent à envahir les cafés du boulevard. Charles Joliet n'en envahit que l'asphalte.

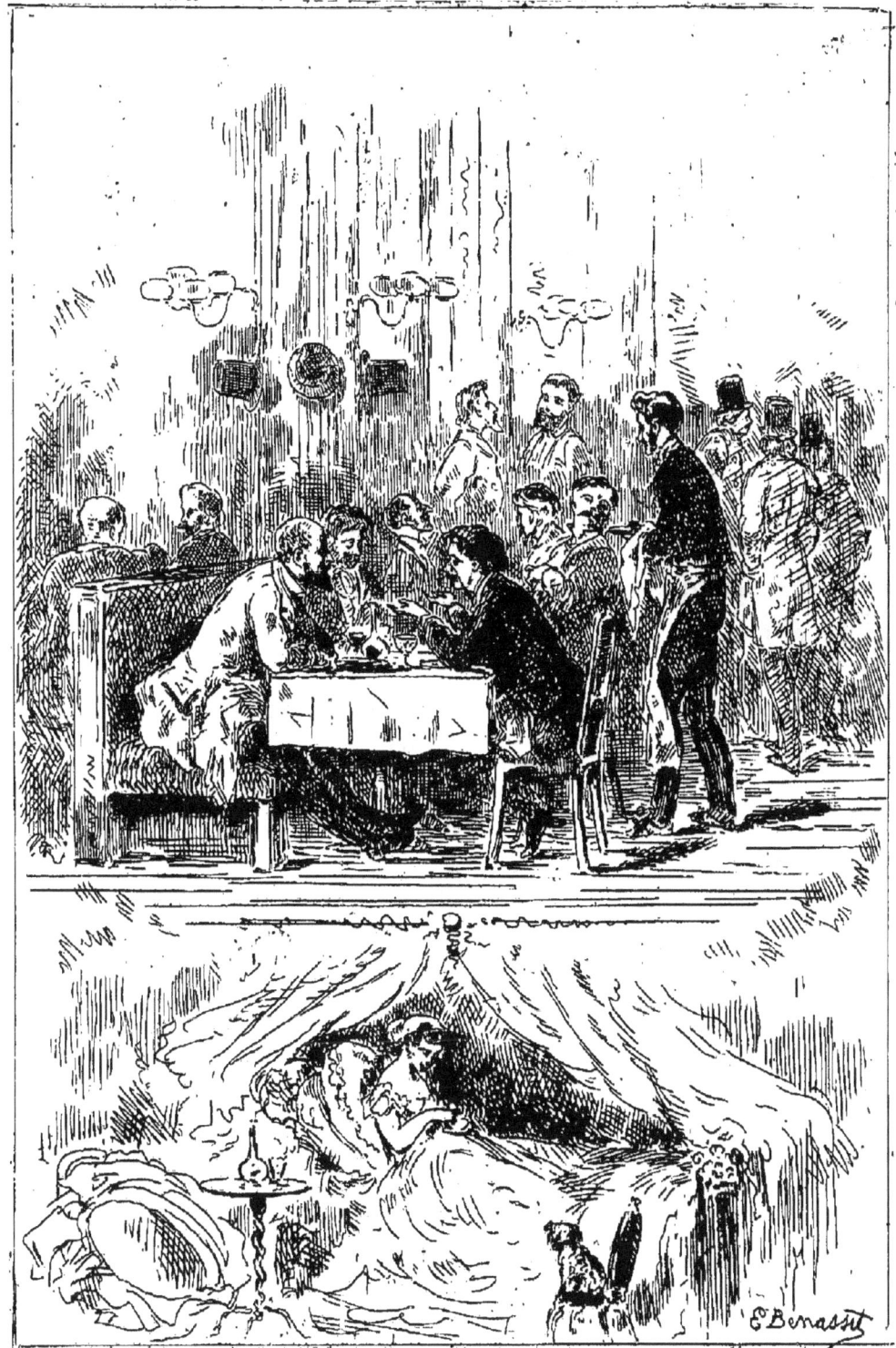

Midi

MIDI

Midi, le « nombril » du jour, — comme disent en leur pittoresque langage messieurs les grinches, qui, sans s'en douter, parlent exactement comme les latins : *ad umbilicum jam dies est*, écrivait Plaute il y a plus de deux mille ans. Il est annoncé par le canon du Palais-Royal, — une horloge dont le Soleil est le Bréguet, et sur laquelle les bons bourgeois de Paris viennent religieusement chaque matin régler leur montre. C'est même là un spectacle curieux, que la *Gazette* d'Henri de Pène a tort de ne pas indiquer aux étrangers, que celui offert par cette foule d'honnêtes badauds attendant, muets et recueillis, l'œil et l'oreille grands ouverts, ce coup de canon de Lilliput qui leur dit si clairement : « Il est midi. »

C'est l'heure du déjeuner des vaudevillistes au café des Variétés et du déjeuner des gens de lettres au café de Madrid.

Le café de Madrid, qu'on appelle aussi le café Bouvet — du nom de son propriétaire — est le Divan Le Pelletier de 1866. Celui qu'a chanté Théodore de Banville n'existe plus depuis quelques années, et la plupart de ses illustrations ont elles-mêmes disparu. D'autres excentriques de la plume et du crayon, plus jeunes, leur ont succédé, et je dois avouer que ces nouveaux venus font autant de bruit que leurs anciens dans le petit Landerneau compris entre la Madeleine et la Porte Saint-Martin. C'est le sort de toutes les réputations de café, de ne pas survivre au café qui les a vues naître.

Quelques uns cependant ont échappé au naufrage de l'oubli ; non parce qu'on a trouvé qu'ils méritaient d'être sauvés, mais parce qu'ils se sont

sauvés eux-mêmes et qu'ils sont revenus crier :
« Je ne suis pas noyé! me voilà! » Alexandre
Weill est de ceux-là. Ce ferme pilier du Divan d'autrefois vient de temps en temps essayer de s'implanter dans le Divan d'aujourd'hui, en semant çà
et là, sur les tables des déjeuners, des paradoxes
fulminants — qui empruntent surtout de leur fulminate à l'accent alsacien dont ils sont dits. On
l'écoute, parce que les gens d'esprit sont toujours
écoutés, mais il n'est plus à sa place, la galerie a
changé : il paradoxe un peu dans le vide. Il a beau
couper la queue à son chien, — et il la coupe si
souvent qu'on ne comprend pas qu'elle ait le temps
de repousser, — on ne se retourne plus. Pauvre
Syllabus! Il avait du bon cependant!...

D'après ce que je viens de vous dire, vous pensez
bien qu'Alexandre Weill ne forme pas à lui tout
seul l'illustration du café Bouvet. Il y a d'autres
Alcibiade, de petits et de gros, de noirs et de roux,
d'aimables et de grincheux, — un quarteron au
moins. L'élément politique y prime peut-être l'élément littéraire, les avocats y sont peut-être plus
nombreux que les gens de lettres, mais, à cela près,
c'est une agréable pétaudière où chacun est trop
occupé et préoccupé des effets de son éloquence

pour attacher beaucoup d'attention, et partant beaucoup d'admiration, aux cascades oratoires de son voisin. Quelle belle collection de *dadas* politiques, philosophiques, littéraires, hennissent, piaffent, caracolent et ruadent dans ce café, à cette rangée de tables invariablement occupées tous les matins, de midi à une heure, par le même personnel journalistique et fantaisiste ! Castagnary, Spuller, Alphonse Duchesne, A. Ranc, Gambetta, Henri Fouquier, Pessard, Fonvielle, l'éditeur Lacroix, le photographe Carjat, le nouvelliste Gottard, et d'autres encore. Ils parlent tous à la fois et de tout à la fois avec une liberté, une confusion, un esprit qu'on retrouverait difficilement ailleurs, et, avec cela, intarissables, ces aimables Pic de la Mirandole ! Lorsque leur moulin n'a plus de farine à moudre, il fait encore entendre son cliquet assourdissant, en agitant toujours ses grands bras. C'est à leur dire, comme Horace à ses compagnons de table :

Lenite clamorem, sodales,
Et cubito remanete presso !

J'en dirais volontiers autant — mais sans les traiter de compagnons — aux boursiers qui, au coup de cloche de midi et demi, emplissent l'intérieur de la Bourse de clameurs extravagantes. Comment ces gens-là s'y prennent-ils pour conserver intactes leur voix et leurs oreilles ? Il me semble qu'à l'issue de chaque séance ils doivent être sourds et enroués pour jusqu'à la fin de leurs jours. Un sauvage, amené subitement là, en pleine *corbeille*, en serait ahuri, et il s'enfuirait devant ce chant de guerre pacifique des Peaux-Blanches, cent fois plus terrible que le chant de guerre des Peaux-Rouges.

Ce Huron serait un peu moins ahuri, mais il le serait encore, par les bruits de toutes sortes dont la cour du Conservatoire résonne à cette heure de la journée. Les élèves sont dans leur coup de feu. Les roulades des voix se mêlent aux éclats stridents des instruments ; les violons grincent, les pianos pleurent : c'est un brouhaha à ne pas s'y reconnaître. Quatre-vingt-dix professeurs, songez donc à ce que cela fait d'élèves !

Puisque je suis en train de parler de cela, pourquoi ne parlerais-je pas aussi des jeunes élèves que l'on voit entrer vers midi au numéro 16 de la rue des Martyrs, où se trouve le théâtre de M. Martel — un théâtre de poche, dont les coulisses minuscules servent de chambre à coucher au directeur-professeur, gradué de l'Université, lauréat du Conservatoire, ex-premier rôle de l'Odéon, et je ne sais plus quoi encore, mais en tout cas un homme très-courageux et fort intelligent.

C'est très-amusant une représentation tragique sur les planches de cette « bonbonnière », — beaucoup plus amusant qu'un vaudeville. Un soir de l'automne dernier, j'y ai vu jouer *Andromaque* — sans Andromaque ! On avait supprimé la femme d'Hector comme nuisant à l'action, sans doute, ou peut-être tout simplement parce qu'il n'y avait pas, dans cette petite troupe d'amateurs, d'actrice qui eût consenti à se charger de cette *panne*. Ils ne veulent jouer que les premiers rôles, les amateurs, et on a beau leur citer l'exemple — devenu classique — de Talma jouant un rôle de deux lignes dans je ne sais plus quelle pièce, ils persistent dans leurs ambitieuses prétentions.

Ah ! les écoles de déclamation ! Ah ! les théâtres d'amateurs ! Je connais cela ! j'ai été amateur, moi aussi, j'ai été élève ! Cela vous fait sourire peut-être ? Eh bien, moi, ce souvenir me fait pleurer. Ce n'est pas mon temps perdu que je regrette, — la jeunesse en a toujours à revendre, du temps ! — ce sont les folles dépenses de cœur faites à propos d'une aimable petite statue de marbre rose, ma camarade de planches. Sa mère l'amenait chaque soir au cours et ne la quittait pas de son œil vigilant, intéressée qu'elle était à la conserver pure — comme une poire pour sa soif de billets de banque. Malgré ce dragon, en dépit de sa vigilance, mes camarades et moi nous échangions avec Maria des roucoulements qui n'étaient pas dans le programme, et la mère n'y voyait que du feu. Que de doux chuchottements entendaient chaque soir les arbres en carton de notre petit théâtre! Que de baisers furtifs entre deux portants! Maria jouait les ingénues et nous les amoureux, mais nous étions encore plus amoureux qu'elle n'était ingénue, et tandis que nous nous battions à la sortie du cours pour l'honneur de ses beaux yeux, elle filait l'imparfait amour avec un vieil amateur riche qui ne s'était introduit parmi nous que pour cela... Ah! cette aimable petite statue de marbre rose, nous a-t-elle assez fait souffrir tous! — tous, c'est-à-dire le gros Louis, le grand Cyprien, le blond Joseph, et moi, le quatrième compétiteur... Chacun de nous se croyait aimé à l'exclusion des trois autres, et c'était le vieil amateur riche qui seul l'était à l'exclusion de nous quatre! Lui seul, il est vrai, avait en sa possession, pour animer cette statue — de marbre pour nous, — le fameux argument irrésistible...

Mais où vais-je m'égarer là? Ce qui m'intéresse tant ne vous intéresse guère; je laisse là mes souvenirs et le petit théâtre de M. Martel, qui les a évoqués.

A midi, les petites dames daignent se lever et elles congédient leurs maîtresses de piano, qui sont aussi leurs secrétaires intimes — quand elles ne sont pas leurs pédicures. Faire les cors, cela soulage; mais faire la correspondance, cela rapporte — mieux que Tom, le griffon noir que j'ai donné à Gustave Mathieu. Quand donc la maîtresse de piano a confectionné, sous la dictée d'Arthurine, cinq ou six épistoles de différents styles — Aïssé, Lenclos et Sévigné mêlés — adressées à d'anciens amis qu'on a lieu de supposer reconnaissants, elle s'en va, à moins qu'Arthurine ne la retienne pour déjeuner à la crèmerie, chez la mère Giquet du coin, lorsque Crédit n'est pas mort. Lorsque ces mauvaises payeuses l'ont tué, ce pauvre Crédit, elles se contentent de quelques ronds de saucisson de Lyon, en se demandant avec quoi et avec qui elles souperont.

- Messieurs les avocats, eux, n'ont pas de ces vulgaires soucis. Ils quittent la salle des Pas-Perdus ou sortent de la 6e chambre, descendent gravement les escaliers, traversent en robe la rue de la Sainte-Chapelle et entrent au restaurant Louis, — un ancien cabaret à cochers devenu, du jour au lendemain, un café d'Aguesseau inférieur à l'ancien.

Un endroit curieux, ce restaurant Louis ! Pas ou peu de profanes : rien que des avocats ou des avoués en robe, en barrette, ou en rabat. Les garçons ont l'air rébarbatif des huissiers audienciers, et l'on s'étonne que les tables ne soient pas revêtues de serge verte au lieu de toile blanche. Même en mangeant, toutes ces robes noires ont encore l'air de plaider. Cet avocat prend son fricandeau pour sa partie adverse et il l'injurie du regard et de la fourchette. Cet avoué signifie au garçon la séparation des biens-comestibles entre son voisin de table et lui. Tous, quand ils demandent un plat, se croient tenus à des effets de manche...

Pendant que les avocats plaidoient à coups de

fourchette, les peintres en bâtiment retournent à l'ouvrage, sans plus de hâte qu'ils n'en ont mis à le quitter, et d'autres peintres, les élèves des Beaux-Arts, sortent de l'école où ils viennent d'académiser.

Timothée Trimm sort de l'imprimerie du *Petit-Journal* et prend une voiture pour se rendre chez Fraisse-Peter's. Quelquefois il s'en va modestement à pied, comme un simple mortel, escorté soit de Cochinat, soit d'Hippolyte Philibert, soit de tout autre de ses collaborateurs.

Aurélien Scholl entre chez Bignon.

Michel Masson entre au numéro 14 de la cité Trévise.

Charles Joliet sort des bureaux de *la Vie Parisienne* — avec un manuscrit de moins.

Une Heure du soir

UNE HEURE APRÈS MIDI

PRÈS avoir fait acte de présence dans deux ou trois bureaux de petits journaux, aux *Nouvelles*, au *Nain Jaune*, à la *Gazette des Étrangers*, au *Figaro-Programme*, au *Petit-Journal*, où il a popularisé le nom de Diderot et vulgarisé la philosophie snobique de Tackeray, Charles Joliet fait son entrée au *Grand-Journal*, où il assiste au déjeuner des employés. Ils mangent, il disserte; ils ont fini, qu'il disserte encore. Le petit père Legendre allume un cigare pour mieux le comprendre,

ou pour l'écouter avec plus d'attention et moins de fatigue.

Louis Jourdan descend le faubourg Montmartre, blague brodée au côté, comme un étudiant d'Heidelberg, et faisant résonner sa canne comme une rapière pour effrayer les passants — timides. Il a dans toute sa démarche un parfum d'apôtre et sent son Ménilmontant d'une lieue : le Père Enfantin ne devait pas marcher autrement. Où va-t-il ainsi, cet ex-saint-simonien ? Où peut-il aller si ce n'est rue du Croissant, pour manger quelques prêtres en salade ? Homme étonnant, malgré sa blague et sa canne ! On voit bien qu'il porte les destinées du *Siècle* dans les plis de sa redingote. Et quel écrivain ! Lucien l'avait deviné : « Parlez indifféremment de tout, sans avoir égard à l'ordre ni à la matière. C'est assez que vous ne demeuriez pas court. Surtout ne manquez pas dans Athènes d'alléguer les coutumes des Indes ou d'Ecbatane, car c'est le moyen de se faire admirer. Ayez toujours à la bouche Marathon et Cynégire; percez le mont Athos, enchaînez l'Hellespont, obscurcissez le soleil des flèches des Perses, tarissez les fleuves de leur multitude, poursuivez Xerxès, soutenez Léonidas, lisez les caractères sanglants d'Othryade ; ne parlez que de Salamine, d'Artémise et de Platée, » etc., etc. Homme étonnant, enfin !

L'acteur Hyacinthe descend la rue des Martyrs et se dirige vers le théâtre du Palais-Royal. Encore un homme étonnant, celui-là ! Ou plutôt, non, ce n'est pas un homme, c'est un proboscidien. C'est sans doute de lui qu'a voulu parler Sterne dans *Tristram Shandy*, — vous savez, ce voyageur qui vient du Promontoire des Nez, et qui, en traversant la ville de Strasbourg, met tant de monde en révolution, depuis le petit tambour bancroche jusqu'à l'austère abbesse de Quedlingberg ? Quoi qu'il joue, cet acteur, je ne peux m'empêcher de croire qu'il joue toujours le rôle du grand Faucheux du *Maître d'école*, — une pièce où le petit Fouyou montrait de si sérieuses dispositions. Toute la force de Samson était dans ses cheveux : tout le talent d'Hyacinthe est dans son nez.

Les *étoiles* du Théâtre-Italien vont à la répétition — en voiture. Les pavés ne sont pas dignes d'être touchés par les pieds d'Adelina Patti ! D'autant plus qu'à cette heure précisément les tonneaux d'arrosement de la Préfecture les rafraîchissent à flots et changent leur poussière en boue.

Cela n'empêche pas Villemessant de franchir le boulevard et d'entrer comme une bombe au numéro 3 de la rue Rossini, en disant : « Ah! mes enfants! que Dollingen vient donc de m'en conter une bonne! » Le petit père Legendre éteint son cigare.

Timothée Trimm vient de jeter un louis sur la table de Fraisse-Peter's, — et le garçon ne lui rend pas de monnaie. Il sort, l'heureux chroniqueur, en songeant à ses deux cent vingt mille lecteurs et à sa demi-douzaine d'ennemis — les insulteurs attachés à son char de triomphe. Pauvre Léo Lespès! Mais, baste! ne le plaignez pas trop : il marche sans cesse escorté de sa maîtresse, la Réputation... C'est le mot de Saint-Lambert à propos de Jean-Jacques, — cet autre écrivain qui voyait des ennemis partout.

Une brigade centrale part de la Préfecture de

police, se dirigeant au pas militaire vers le bois de Boulogne. Les hommes sont toujours des écoliers, à ce qu'il paraît : il leur faut des *pions* aux heures de la récréation.

Deux Heures du soir

DEUX HEURES APRÈS MIDI

Les compatriotes de Jules Noriac et de Jules Claretie vont dîner, avec encore plus d'empressement qu'ils n'en mettent le matin à aller déjeuner. Manger beaucoup et travailler peu en feignant de travailler comme des nègres, c'est la Loi et les Prophètes des Limousins, — ces millionnaires de l'avenir.

Quelques académiciens se rendent à l'Institut pour assister à la séance hebdomadaire : sans doute ceux qui ont besoin de *jeton* — pour jouer au whist. Les *honneurs* rapportent quelquefois de l'argent.

Émile de Girardin fait son entrée à *la Liberté*, le lorgnon sur l'œil et l'alinéa sur les lèvres. En voilà encore un qui va sauver le monde — et la liberté — en collaboration d'Alfred Darimon.

Le général belge Delamotte — qui est général comme l'avoué de Périgueux est roi d'Araucanie — se promène sur les boulevards, les mains derrière le dos, un foulard de couleur dans les mains, des bagues à tous les doigts. C'est l'*Arménien* de 1866, — beaucoup plus Arménien, par l'excentricité de son costume, que ce pauvre abbé Kassangian, mort récemment.

Charles Joliet va faire un tour à la Société des gens de lettres, cité Trévise. Ce sont ses bosquets de l'Académie, à lui, et il y va chercher la vérité :

Inter silvas Academi quærere verum.

C'est du pur Horace, ami Joliet.

Jules Noriac entre au théâtre des Variétés, — son théâtre. S'il remet la main sur une *Belle Hélène*, je le voie d'ici richissime, ayant sa voiture et son groom tout comme notre confrère Ponson du Terrail, qui passe en ce moment sur le boulevard. Et em'en réjouis d'avance, ami Noriac!

Les Rémonencq envahissent l'hôtel Drouot, où ils vont disputer aux amateurs les curiosités à l'enchère. Abominable race que les gens de cette bande noire! Ils veulent acheter pour rien, afin de revendre très-cher, et, quand ils sont là, il n'y a pas moyen de rien avoir de ce que l'on convoite : ils accaparent tout! Mon grand plaisir, lorsque je m'égare dans ces salles où l'on est si vite asphyxié, est de faire monter ces Rémonencq si âpres au gain en faisant monter les objets sur lesquels ils ont jeté leur grappin. — « Ah! tu veux ce meuble, *bourgeois!* » se disent-ils en m'entendant mettre à chaque instant une enchère nouvelle, — et ils surenchérissent. C'est souvent un vieux bahut en bois neuf qui ne vaut pas quarante francs : j'en donne cent, puis cent cinquante, puis deux cents — et je le leur abandonne à deux cent cinq... Attrapés!

Quelquefois, il est vrai, je le suis moi-même à mon propre piége, mais cela ne me corrige pas de la démangeaison que j'ai de corriger ces Auvergnats de leurs habitudes cupides. D'ailleurs, le hasard m'a assez bien servi : parmi les *bibelots* poussés par moi qui me sont restés pour compte, se trouvent deux Clodion très-rares et un petit meuble Louis XIV comme il n'y en a pas beaucoup dans la circulation. Je ne regrette pas de les avoir payés au-dessus de leur valeur marchande — à cause de leur valeur artistique, inestimable. Quand on aime les objets d'art, il ne faut pas craindre de les payer trop cher : ce n'est jamais assez cher.

C'est mon sentiment et aussi, j'en suis sûr, celui de ce vaillant esprit et de ce vaillant cœur qu'on appelle Nadar, — Nadar, l'infatigable promoteur du *plus lourd que l'air*, le parrain de *Sainte Hélice*, l'incorrigible ascensionniste, Nadar enfin, Nadar! Les amateurs encombrent ses salons et ses ateliers, moins peut-être par goût pour la photographie que par curiosité pour les curiosités qui se trouvent réunies là à profusion : faïences rares, meubles de choix, tableaux de prix, etc. Un musée!

Mieux vaut cent fois aller visiter ce petit musée que d'aller entendre messieurs les députés qui en ce moment envahissent le Palais-Bourbon. Il n'y a pas beaucoup d'orateurs à la Chambre, savez-vous ? et il faut vraiment que le devoir y appelle pour qu'on y aille.

Ce n'est pas comme autour d'Émile Digard, le chanteur des Halles centrales, où la foule s'amasse tous les jours de deux à six heures, — une foule sans cesse renouvelée et toujours aussi altérée de musique, à en juger par la façon dont elle ouvre la bouche en même temps que les oreilles. Ce que chante Émile Digard, elle le boit !

C'est donc un personnage, ce personnage ? Sans doute. Yriarte l'a oublié dans ses *Célébrités de la rue*, mais le peuple des halles ne l'oublie pas, lui. Chaque jour, vers deux heures de l'après-midi, dans une encoignure du pavillon de pierre, à deux pas de la station des omnibus, un homme arrive suivi d'une femme ; il porte un orgue, elle ne porte rien ; il est jeune, elle est vieille ; il a une casquette, elle a un bonnet : ce sont les deux artistes aimés du public qui n'est pas difficile, Émile Digard et sa mère — à moins que ça ne soit sa femme, pourtant ! Émile Digard est affligé d'un léger strabisme, qu'il rend plus sensible en levant fréquemment les yeux au ciel ; mais ses admirateurs ne s'en aperçoivent même pas !

Que chante-t-il donc, cet Orphée, pour apprivoiser ainsi les ours ? Tout simplement les *Refrains de la lice,* — des chefs-d'œuvre, comme on peut en juger par ce couplet, une simple perle :

> « Pauvre enfant du peuple, au bruit de la guerre
> Ton cœur s'est ému : n'es-tu pas Français ?
> Plein d'un noble espoir, cours à la frontière,
> Tu peux sans orgueil rêver des succès.
> Il n'est plus de rang devant le génie,
> Et quatre-vingt-neuf a tout aplani ;
> Tu pourras grandir : va, sers ta patrie !
> Petit à petit l'oiseau fait son nid. »

????...

Il paraît que le public des Halles centrales affectionne cette littérature-là et qu'il la comprend, — ce qui est plus fort.

Hélas !

Mais où vont ces commissionnaires qui marchent d'une allure si légère, malgré leurs gros souliers d'Auvergnats ? Ils se dirigent vers les hauteurs cythéréennes du quartier Bréda, et s'arrêtent ici et là, où ils déposent discrètement de petits poulets roses ou verts qui contiennent presque tous des tendresses de ce genre, à l'adresse de mademoiselle Peau-de-Satin, danseuse de Mabille, ou de mademoiselle Castorine, rentière pour rire :

Cher ange,

Je serai ce soir à six heures à la Porte Jaune avec mon ami Jules. Amène ton amie Julia. Mille baisers.

Ton ARTHUR.

Ils iront aussi quelque jour à la *Porte Jaune*, en compagnie de quelques petites dames, ces jeunes gens qui, pour le moment, leurs livres de classe sous le bras, s'en vont aux répétitions du collége voisin, à Louis-le-Grand, à Saint-Louis, à Henri IV, à Charlemagne, à Sainte-Barbe, ou au lycée Bonaparte, enfin dans l'un des cinq ou six grands restaurants intellectuels où l'on sert les meilleurs plats de l'Antiquité à la jeunesse française, — qui ne s'en trouve pas plus grasse pour cela. Si on la laissait choisir, elle préférerait la carte de Brébant au menu classique qu'on lui impose depuis si longtemps. C'est très-bon assurément, Salluste et Tacite, Horace et Virgile, Homère et Sénèque, Pline et Cicéron; mais les perdreaux truffés, mais les suprêmes de volaille, mais les turbots sauce aux câpres, mais les soles normandes, c'est meilleur — en cabinet particulier surtout ! La jeunesse aurait raison de préférer cette nourriture échauffante mais agréable à l'alimentation saine mais fade à laquelle son cerveau est condamné. Un homme qui a bien soupé vaut dix savants !

Allez, pour la seconde fois de la journée, jeunes gens, vous nourrir de la moelle de l'Antiquité. Cela vous ennuie peut-être, mais il vous reste cette consolation de penser que cela en a ennuyé bien d'autres avant vous et que cela en ennuiera bien d'autres après vous. Toutes les fois que je vous rencontre ainsi entrant, résignés, dans quelque lycée, je songe au temps où j'étais écolier comme vous et où j'avais tant de peine à retenir ce qu'on essayait d'inculquer à mon esprit, — car, je vous en fais confidence, j'étais alors un fier *cancre!* Pourquoi rougirais-je de l'avouer ! J'ai pour excuse d'illustres exemples, — entre autres celui de Henri Heine disant : « Pour le latin, vous ne pouvez vous faire une idée, madame, de la complication de cette chose ! Si les Romains avaient été obligés d'apprendre d'abord le latin, ils n'auraient pas eu de temps de reste pour conquérir le monde. Ce peuple heureux savait déjà au berceau quels substantifs prennent *im* à l'accusatif; moi, au contraire, il me fallait l'apprendre à la sueur de mon front... »

Trois Heures du soir

TROIS HEURES APRÈS MIDI

Cocottes et cocodès, oisifs et oisives, dames du lac et chevaliers de la jarretière, se dirigent vers les Champs-Élysées et le bois de Boulogne, celles-ci dans leurs *huit-ressorts*, celles-là dans leurs *paniers-à-salade*, — au risque de faire crier sur leur passage, par le farouche et ennuyeux Desgenais : « Vice en voiture ! place à la vertu à pied !... » Et si le vice à pied en criait autant à la vertu en voiture ?

Ceux des élégants et des élégantes qui dédaignent

de se mêler à ce Lonchamp quotidien vont *luncher* place de la Bourse ou rue Royale, chez Julien ou chez Imoda. Une mode américaine renouvelée des écoliers : quand j'étais jeune, nous appelions cela *goûter*.

N'oublions pas les visites aux grands magasins, la *Ville de Paris*, le *Saint-Joseph*, le *Grand Condé* ou le *Petit Saint-Thomas*, où souvent il y a plus de *râleuses* que d'acheteuses, de belles nonchalantes qui se font montrer plus de pièces d'étoffes qu'elles ne montrent de pièces d'or. C'est l'heure où les Messieurs du rayon, fils ou frères de l'illustre Gaudissard, dépensent, eux, le plus d'amabilité et font le plus d'effets de torse.

C'est l'heure aussi où les jardins publics sont le plus émaillés de bonnes d'enfants et de *babies*. Les cerceaux et les ballons vont leur train — ainsi que les déclarations sentimentales de Messieurs les militaires non gradés. Une tradition que rien n'affaiblit, celle de Mars et de Vénus! Mars en pantalon rouge, Vénus en tablier blanc.

La cloche annonce la fermeture de la Bourse.

La corbeille se vide, le parquet se fait désert. Messieurs les agents de change n'ont plus le droit de crier, mais les opérations amiables peuvent continuer sous le péristyle du temple grec, — et elles continuent. Les boursiers essaiment çà et là sans bruit. Je regrette de n'avoir pas acheté de la rente.

Joliet aussi, je gage, car le voilà croisant le long du boulevard Montmartre dans l'attente de Jules Noriac, à qui il veut présenter un enfant de sa muse, — sa chère *Bougie rose* peut-être ; et, s'il était rentier, il ne serait pas homme de lettres sans doute, les deux termes s'excluant.

Des gens qui ne regrettent pas de n'avoir pas joué à la Bourse, ce sont les étudiants : pour s'en assurer, il suffit de les regarder sortir de l'École de droit ou de l'École de médecine et de les voir se répandre le long de la rue Soufflot ou du boulevard Saint-Michel, — leur nouvelle rue de la Harpe. Insoucieux et joyeux, ces futurs magistrats et ces futurs savants ne songent absolument en ce moment à rien — qu'à aller user les manches de leurs vestes sur les comptoirs des *caboulots* du quartier, où trônent d'aimables Hébés de dix-huit à vingt ans. Que de fariboles sous prétexte de prunes ! O jeunesse ! malgré tes fanfaronnades et tes sottises, tu seras toujours la plus adorable chose du monde, parce que tu aimes le soleil et la beauté, parce que tu ris, parce que tu chantes, parce que tu te moques !

Quelques-uns cependant, parmi ces étourdis échappés d'Hippocrate ou de Cujas, de Barthole ou de Galien, ne veulent pas être étourdis; quelques-uns s'essayent — prématurément — au rôle d'hommes graves, et font de la politique au lieu de faire de l'amour. Je ne les en blâme pas, je les plains, en leur rappelant que les Bousingots, auxquels ils s'efforcent de ressembler, tenaient leur vie d'étudiants en partie double, et ne craignaient pas de donner Lisette pour rivale à la Liberté, la Chaumière pour préface au Club. Il est sans doute bon de conspirer, mais il est bien plus doux d'aimer, et, quand on a vingt ans, les besoins du cœur doivent être satisfaits avant les devoirs de la conscience et les exigences de la raison. D'ailleurs, la Raison est une folle : il n'y a que la folie de raisonnable ici-bas ! Ah ! jeunes gens ! soyez donc jeunes pendant que vous êtes jeunes ! vous aurez tout le temps d'être vieux quand vous serez vieux !...

Voyez ce que pense là-dessus un grand poëte qui s'y connaissait encore mieux que moi, ouvrez les *Chansons des rues et des bois* à la page 174, vous y lirez :

« Amuse-toi, sois jeune et digne
De l'aurore et des fleurs. Isis
Ne donnait pas d'autre consigne
Aux sages que l'ombre a moisis.

Une bamboche à la Chaumière,
D'où l'on éloigne avec soin l'eau,
Contient cent fois plus de lumière
Que Longin traduit par Boileau.

Veille, étude, ennui, patience,
Travail, cela brûle les yeux ;
L'unique but de la science,
C'est d'être immensément joyeux.

Maxime : N'être pas morose,
N'être pas bête, tout goûter,
Dédier son nez à la rose,
Sa bouche à la femme, et chanter !... »

Hélas ! qu'est-ce que Victor Hugo va dire là ? C'est peut-être pour avoir voulu être trop jeunes et trop fous, c'est peut-être pour avoir délaissé le devoir en faveur du plaisir, que ces misérables montent, escortés de gardes municipaux, dans ce *panier à salade* qui stationne tous les jours, vers trois heures, à l'angle du boulevard du Palais et de la rue de la Sainte-Chapelle, presque en face de la rue Boileau.... Pendant que leurs avocats vont se détoger chez Mme Bosc, ils reviennent de l'Instruction ou de la Cour d'assises. L'un d'eux, peut-être, a été condamné à mort, et l'Abbaye de Monte-à-Regret l'attend là-bas, à l'extrémité de Paris, tout près du Père-Lachaise. Ah! jeunes gens! soyez plutôt vieux que de rester jeunes à ce prix!

Mais détournons nos pensées de ces vilaines choses-là. J'aime mieux parler des voitures de poste du *Petit Journal*, qui sortent du n° 67 de la rue Pigalle et descendent à grand fracas la rue Notre-Dame-de-Lorette. En passant sur la place Saint-Georges, devant l'hôtel de M. Millaud, les postillons saluent — du fouet.

J'aime mieux parler de Théodore Pelloquet, un type, — ce qui est rare à notre époque, où les caractères sont aussi frustes que les visages.

On le rencontre partout, ce successeur de Gustave Planche, ce critique d'art dont les jugements font autorité aujourd'hui. On le rencontre partout, — bien qu'il n'ait pas toujours l'intention d'y aller. Quand il n'est pas dans les cafés littéraires, il est sur les boulevards; quand il n'est pas dans les ateliers de peintres, il est dans les bureaux de journaux; mais chez lui, jamais! On le rencontre partout, mais il ne reste longtemps nulle part: il traverse, il ne s'arrête pas. Est-ce à cause de cela qu'on l'a appelé *La Pluie qui marche?*

Où était-il tout à l'heure? Peut-être chez Dinochau. Où va-t-il maintenant? Au *Temps,* pour prendre langue. Il a sa correspondance à faire pour je ne sais plus quel journal étranger, et cette correspondance — son civet quotidien — il ne peut la rédiger qu'avec des nouvelles politiques ou littéraires. Quand le lièvre lui manque, il n'envoie que la sauce. C'est toujours cela, n'est-ce pas?

Du reste, je m'étonne que le lièvre ne lui manque pas plus souvent, à la façon nonchalante dont il le chasse. Il est entré dans les bureaux du *Temps,* s'est assis devant le tapis vert sur lequel sont toutes les feuilles de France et de Navarre: vous croyez peut-être qu'il lit? vous ne le connaissez pas alors. Il ne lit pas ces gazettes giboyeuses où tout autre que lui descendrait une nouvelle en un clin d'œil; il ne les lit pas, il les touche l'une après l'autre, et, quand il les a touchées toutes, il s'en va en disant dédaigneusement : « Mais il n'y a absolument rien dans les journaux ! »

Il n'y a rien, mon cher Pelloquet ? Moi je trouve qu'il y a trop...

Quatre Heures du soir

QUATRE HEURES DU SOIR

On dit bien une heure, deux heures, trois heures de l'après-midi, mais on dit quatre heures du soir : la vesprée est venue !

Si c'est l'hiver, il fait nuit, les ouvriers veillent, les lampes des travailleurs de tous les états s'allument. Si c'est l'été, il fait jour comme à midi, et c'est alors une joie pour les écoliers et pour les employés de sortir de leur école ou de leur bureau, parce qu'il leur semble qu'ils ont une journée entière devant eux, au lieu de quelques heures. Pauvres prisonniers! ou plutôt heureux prisonniers! puisqu'ils peuvent sortir chaque jour de leur prison. Latude et le baron de Trenck auraient bien voulu être écoliers ou bureaucrates : ils n'auraient jamais songé à se fabriquer des échelles de corde avec leurs chemises pour s'évader...

Émile de Labédollière sort du *Siècle*, la pipe à la bouche, un paquet de journaux sous le bras, et arrondissant sa fameuse mèche qui dit tant de choses aux gens qui savent deviner. Où va-t-il ainsi, dodelinant de la tête, s'arrêtant aux étalages, causant familièrement avec l'homme du peuple du coin? Travailler aux couplets qu'il improvisera ce soir à un souper d'inauguration quelconque? C'est probable; en tout cas, cela ne nous regarde pas. Il a fait son *courrier*, — son pensum politique de chaque jour: on n'a rien de plus à lui demander.

B. Jouvin sort en chantonnant de l'imprimerie Kugelmann. Pour un peu, il battrait des ailes. Son article est corrigé; son pensum, à lui aussi. est fait — sans solécismes ni barbarismes. Il était en retenue, le voilà libre. Il y a toujours de l'écolier dans l'homme, et le devoir le plus agréable à remplir est toujours un *devoir*.

Le bibliophile Jacob, sorti de la Bibliothèque de l'Arsenal depuis une heure, bouquine sur les quais, où les elzeviers sont de plus en plus rares pourtant. N'importe ! On espère découvrir un de ces merles blancs dans ces petites cages des bouquinistes des quais, — où chantent si piteusement tant de *rossignols*. Et la preuve, c'est que tous les jours, de quatre à cinq heures, les mêmes bibliophiles — Jacob ou non — interrogent soigneusement les mêmes boîtes, qui répondent si mal à leurs recherches. On ne trouve rien, mais on a fureté, remué de vieux papiers : on est heureux et on en dîne avec plus d'appétit ! Le bouquinage est l'absinthe des savants, — une absinthe qui n'abrutit pas comme l'autre.

La galerie d'Orléans commence son brouhaha. C'est là que se retrouvent avant dîner les provinciaux qui ont l'intention de se perdre après dîner. Les étrangers, non plus, ne se donnent pas rendez-vous ailleurs, à cause des *Trois Frères provençaux*. On vient de Marseille ou de Calcutta, de Shanghaï ou de Carpentras, et l'on a résolu de dîner au

Palais-Royal, la tradition l'exige : d'où l'affluence toujours considérable de promeneurs dans cette galerie vitrée qui a pris la suite des affaires des trop fameuses galeries de bois. Tous les accents y sifflent, tous les patois s'y croisent, toutes les langues s'y heurtent, — même la *langue verte*. Une vraie galerie de Babel !

D'autant plus galerie de Babel que l'éditeur de la Société des gens de lettres, E. Dentu, y a sa librairie, — une petite boutique grande comme un mouchoir de poche, à cette heure-là assiégée par une foule d'écrivains nés ou à naître, de vieux mandarins lettrés ou de jeunes gens qui se rêvent le bouton de cristal, des célébrités d'hier et des célébrités de demain. Tous les passés et les futurs s'empressent autour d'un petit homme qu'ils savent omnipotent, quoiqu'il ne soit qu'un simple commis de Dentu ; premier commis, il est vrai, — c'est-à-dire premier ministre avec portefeuille. Il recueille autant de sourires et de poignées de mains que s'il était son propre patron, et il y est si habitué qu'il n'y fait pas même attention. Quand Ponson du Terrail donne un drame au théâtre du Châtelet, il apporte une loge à Sauvaitre, dont il estime fort le goût et dont il prise fort le jugement.

Quand un des édités de Dentu a publié un livre chez un autre libraire, il en vient offrir un exemplaire à Sauvaitre. Quand les frères Davenport ont *remporté leur armoire* à la salle Herz, Sauvaitre était parmi les spectateurs non payants : M. Bernard Derosne lui avait envoyé un billet. Heureux homme que ce petit homme ! Homme précieux aussi, dont Dentu fait le plus grand cas.

Que de gens de lettres des deux sexes il voit chaque jour venir proposer leurs manuscrits, qui sont généralement des chefs-d'œuvre avant l'impression ! Que de gens il a vus venir surtout ! Il aurait plus tôt fait de compter les sables de la mer et les étoiles du ciel. Dentu édite déjà beaucoup : que serait-ce donc s'il avait édité tout ce qu'on lui a proposé ! Son catalogue de nouveautés forme à lui seul un volume — qui n'est lu que par les libraires de la province et de l'étranger.

C'est dans la boutique de Dentu que j'ai eu l'honneur de rencontrer, entre quatre et cinq heures du soir, la plupart de mes illustres confrères des deux sexes, M. Edouard Fournier et Mme Clémence Badère, M. Cayla et Mme Olympe Audouard, M. Henri Delaage et Mme Raoul de Navery, M. Alfred Michiels et Mme Judith Derosne,

M. Charles Sauvestre et Mme Louise Colet, etc., etc. N'y ai-je pas rencontré aussi Charles Joliet?

Du livre au journal il n'y a pas plus loin que du Palais-Royal à la rue du Croissant. C'est l'heure du marché aux journaux. Les voitures du *Petit Journal*, avec leurs postillons en culotte verte, attendent qu'on les bourre d'exemplaires destinés à la province et à l'étranger. Plus loin, d'autres voitures, plus modestes et à bras, attendent qu'on les emplisse de numéros de *la Patrie* destinés aux quartiers excentriques de Paris. Puis, grouillants comme un nid de fourmis, les vendeurs des autres petits journaux du soir, — des industriels qui gagnent plus, en quelques heures, que les ouvriers dans leur journée. Tout cela crie, se dispute, se *cogne* même de temps en temps, en l'honneur de Guttemberg, qui, s'il avait su... C'est un spectacle qui a son prix.

Un autre spectacle, plus agréable, c'est celui de la Descente de la Courtille galante. Des hauteurs du quartier Bréda — qui est le faubourg de Cologne de Paris, comme le faubourg de Cologne est le quartier Bréda de Bruxelles — jusqu'aux boulevards Montmartre et des Italiens, ce sont des théories de drôlesses indépendantes à n'en plus finir, toutes vêtues de leur toilette de combat, si diaboliquement provocante : bottines à talons, robes à froufrous séditieux, ceintures dorées, basquines plastiques, chevelure opulente emprisonnée dans une résille d'or, toquet à plumes de paon. Elles seraient adorables si elles étaient un peu plus honnêtes ! Mais non ! leur séduction vient précisément de leur corruption, — je l'ai dit à propos de Paris, je dois le dire surtout à propos des Parisiennes. On ne les remarquerait pas si elles n'avaient pas ces toilettes tapageuses, si elles ne se maquillaient pas, si elles n'avaient pas en marchant ces airs de tête, ces effets de hanches, ce je ne sais quoi enfin qui accroche le regard des passants libertins. On ne les remarquerait pas, et elles veulent se faire remarquer, ces Rosières du Diable en quête d'une couronne — ou d'un louis. Elles se contenteraient volontiers du rôle de violettes, si la modestie rapportait autant que l'insolence ; elles consentiraient de bon cœur à être vertueuses, si le vice n'était pas d'un emploi plus commode et d'une pratique plus facile. Que voulez-vous ? Les hommes aiment ça ; elles servent de *ça* aux hommes — qui, pour se venger d'eux-mêmes sur elles, enveloppent leurs louis dans une feuille de mépris, dont elles font du reste moins de cas que d'une feuille de papier à cigarette. Elles pensent comme Mazarin : « Qu'ils méprisent pourvu qu'ils payent ! » Et, de fait, nous payons encore plus que nous ne méprisons.

Pendant que ces drôlesses-là descendent des hauteurs du quartier Bréda, d'autres filles d'Ève y remontent : ce sont les danseuses qui reviennent de l'Opéra, où elles ont répété. Car les pieds ont aussi à apprendre des rôles — souvent très-compliqués : *taquetés, assemblés, pointes, ballons, grands fouettés*, etc. Pendant deux heures, sous prétexte d'allonger leurs muscles, d'assouplir leurs jointures, de donner du jeu à leurs jambes, elles se sont livrées à une gymnastique terrible, diabolique, dont le public ne leur tiendra pas compte ce soir ou demain, — le public n'appréciant, dans les danseuses, que leur maillot accusateur et leur jupe indiscrète.

Pauvres danseuses ! Dire qu'il y a des femmes honnêtes qui envient leur sort !...

Cinq Heures du soir

CINQ HEURES DU SOIR

Les *queues* se forment à la porte des théâtres populaires, — c'est-à-dire de la Porte-Saint-Martin, de l'Ambigu-Comique, de la Gaîté, du Châtelet. Les autres théâtres, qui donnent moins d'actes et qui d'ailleurs sont moins courus — étant plus distingués, — ne sont pas assiégés aussi tôt : leurs contrôleurs et leurs ouvreuses de loges ont presque le temps de dîner.

J'ai fait queue, moi aussi, je ne crains pas de

l'avouer, — aujourd'hui que je ne vais plus au spectacle.

Et je n'ai pas dîné pour m'acheter des gants !

s'écrie Laferrière dans la comédie de M. Ponsard,
Je ne dînais pas non plus alors, mais c'était pour acheter une contremarque à quelque titi, qui avait déjà avalé cinq ou six actes, un drame et demi, et qui en avait assez. Je mangeais ses restes avec gloutonnerie, — cinq ou six actes, quelquefois sept, — et je ne trouvais pas qu'il y en avait de trop... C'est ainsi que j'ai vu jouer dans la même soirée : *Fabio le novice* (5 actes), *l'Abbaye de Castro* (7 tableaux) et *Périnet Leclerc* (12 tableaux). Ah ! comme je croyais bien que tout cela était arrivé ! Comme « j'y allais bien de ma larme ! » Comme je m'attendrissais bien sur les malheurs de la jeune première, et comme je partageais bien l'indignation de mes voisins du *paradis* au sujet des canailleries du traître de la troupe ! Quelles ovations à Mélingue ! Quels poings montrés à Chilly — qui alors ne s'appelait pas M. *de* Chilly ! Ah ! j'ai trop pleuré sur les malheurs imaginaires des autres, car aujourd'hui je ne sais plus m'apitoyer

sur mes propres infortunes — un peu plus réelles !
Je me suis trop intéressé aux cabotins et aux cabotines pour m'intéresser désormais sérieusement à qui que ce soit au monde, — pas même à moi !

De cette époque mémorable je n'ai conservé qu'une indigestion de drames qui dure encore, malgré la médication énergique à laquelle je l'ai soumise et l'hygiène intellectuelle à laquelle je me suis soumis moi-même. Quand on me rencontre au théâtre, c'est qu'on m'y a entraîné — ou qu'une sympathie particulière pour l'auteur m'y a attiré; mais jamais je n'y vais de mon plein gré, ni surtout de gaieté de cœur, comme à une partie de plaisir. Je suis peut-être le seul homme de lettres parisien dont les directeurs et les contrôleurs ne connaissent ni le visage ni le nom.

J'en ai conservé autre chose encore : c'est un souvenir semi-sentimental, semi-grotesque — comme beaucoup de souvenirs de jeunesse. J'avais alors dix-sept ans, et, chaque fois que je le pouvais, c'est-à-dire deux fois par semaine, j'accourais au théâtre de la Gaîté, dont la première *étoile* était mademoiselle... Trois-Étoiles, qui depuis... mais alors elle était svelte, fraîche, appétissante, jeune en un mot, jeune — et ingénue à lui donner le bon Dieu sans confession. Je n'ai pas besoin d'ajouter que j'en étais amoureux fou, — si bien fou que, pour me guérir de ma folie, un ami de mon père, qui était aussi l'ami du souffleur, obtint un soir de celui-ci, pour moi, une petite place à côté de lui. Pendant que le souffleur soufflait, j'attendais, le cœur battant d'émotion, les yeux démesurément écarquillés, que mon *étoile* adorée se levât à l'horizon de la toile de fond, — l'étoile du berger. Elle fit son entrée sur la scène, mon sang ne fit qu'un tour; elle s'approcha du trou du souffleur avec une démarche de déesse — qu'elle était; elle parla, et, tout en parlant, daigna abaisser ses yeux divins sur mes yeux humides de tendresse, éloquents de passion... « Ah! madame!... » m'écriai-je, éperdu, en tendant mes bras suppliants vers elle. « Qu'est-ce qu'il f...iche donc là, ce grand serin?... » répondit-elle avec colère à voix basse — trop haute pour moi. Je lui avais coupé sa réplique et fait manquer son effet, ainsi que je l'appris plus tard, car ce soir-là, vous le pensez bien, je n'attendis pas mon reste...

J'ai avalé bien des couleuvres dans ma vie et elles ont assez bien passé, mais jamais je n'ai pu digérer ce « serin-là », — non, jamais!

Cet oiseau des Canaries m'amène tout naturellement à parler des *étouffeurs de perroquets*, — ou, si vous l'aimez mieux, des buveurs d'absinthe. C'est leur heure. Sur toute la ligne des boulevards, à la porte de tous les cafés, depuis la Madeleine jusqu'à la Bastille, on ne voit que gens gravement occupés à préparer ou à boire cette tisane de sulfate de cuivre. Voilà une quinzaine d'années que l'Absinthe-Morbus règne à Paris, et, malgré les rapports des médecins de Bicêtre et de Charenton sur le nombre toujours croissant des victimes de cette épidémie, elle continue à régner en souveraine bien-aimée. C'est à peine si le choléra, en rivalité avec elle, lui a fait du tort. Le pli est pris, et, d'épidémique, l'Absinthe-Morbus est devenue endémique.

Si elle se contentait d'éreinter l'estomac des étouffeurs de perroquets, je n'en dirais rien, — car, après tout, cela les regarde; mais elle pousse à l'ivresse de la vanité, qui amène chaque soir des pugilats de paroles entre buveurs, la plupart gens de lettres ou artistes, acteurs ou photographes. Quand on se croit beaucoup, on est peu disposé à croire aux autres, et de la satisfaction qu'on éprouve à faire son propre éloge on passe volontiers au plaisir de faire la critique des autres. Si l'absinthe est amère, la médisance est douce, — surtout quand la médisance est de la belle et bonne calomnie.

C'est spécialement au boulevard Montmartre que les égratigneurs de renommées tiennent leurs assises, en buvant et en fumant. Leurs noms? je les citerais volontiers s'ils en valaient la peine. En tout cas je n'ai pas à ménager leurs personnes : Troyens ou Rutules, je les traiterai sans distinction. Ils sont là une centaine d'impuissants et d'envieux qui s'imaginent qu'avec un *ipse dixit* tout est dit, et qu'on doit accepter comme arrêts définitifs les jugements téméraires que leur vanité leur fait porter sur eux-mêmes et contre les autres. Ils supposent peut-être naïvement que leurs cigares ressemblent aux trompettes de Jéricho, et que, lorsqu'ils ont fumé trois fois autour d'une réputation, elle doit tomber d'elle-même. C'est le mot de Danton à propos d'Hébert. Il y a beaucoup de marchands de fourneaux parmi les gens de lettres et les artistes.

Quelquefois même, au pugilat de paroles succède le pugilat véritable, l'argument *ad hominem*, le syllogisme brutal qu'Aristote n'avait pas prévu et qu'on appelait jadis la *loi du tricot* : quand on ne peut parvenir à se faire accepter ou comprendre à coups de raisonnement, on assomme son interlocuteur ou son ennemi à coups de bâton : c'est plus éloquent. Cela s'est passé ainsi au boulevard Montmartre — et ailleurs.

Puisque je suis au boulevard, j'y reste encore quelques instants, pendant que sonnent cinq heures.

Léo Lespès sort des bureaux du *Petit Journal*, tenant un exemplaire fraîchement pondu, qu'il étale et où il paraît lire avec une certaine complaisance l'article de Timothée, — son ennemi *intrime*, dirait Commerson. Il va s'asseoir sur la terrasse du café des Variétés, au milieu du clan des vaudevillistes et des dramaturges, et, de là, il regarde passer ses lecteurs.

A deux pas de lui, sur l'asphalte, est un kiosque de marchand de journaux, en ce moment encombré d'acheteurs. Aux bourgeois *la Patrie*, aux gens de lettres *l'Époque*, aux employés *l'Opinion nationale*, aux boursiers *la Presse*, à tout le monde *l'Évènement*, *le Petit Journal* et *les Nouvelles* !..

Justement voici Jules Noriac qui sort de son

théâtre ; il traverse le boulevard et va en face, au *café de Mulhouse*, faire sa partie de jacquet avec Bourdin ou avec Dupeuty.

Paul Foucher, trottinant menu, le lorgnon sur l'œil, et venant de la rue du Croissant, traverse aussi le boulevard, mais pour aller chez lui : ses correspondances sont mises à la poste. Paul Foucher, homme sage, ne hante pas les cafés.

Charles Joliet vient du boulevard Saint-Martin, où demeure Achille Faure, à qui il a *collé* un volume. Vlan! Il se dirige tout guilleret vers le boulevard des Italiens, où demeure Julien Lemer, directeur de la *Librairie centrale*, à qui il espère bien coller aussi un volume. Vlan! Charles Joliet, qui n'est pas moins sage que Paul Foucher (il l'est même davantage, car il se fût bien gardé d'écrire *l'Amiral de l'escadre bleue!*) ne hante pas plus que lui les estaminets : il aime mieux garder son esprit pour lui et pour ses amis que de le dépenser dans ces parlottes littéraires, où d'ailleurs on ne place pas de manuscrits.

Étienne Carjat fait son entrée au café de Madrid : quarante paires de mains se tendent avec empressement vers lui. C'est la poignée de main du jour et de la nuit, ce Carjat! Où qu'on aille et à quelque heure qu'on y aille, on le rencontre en train de donner ou de recevoir cette marque banale d'amitié. Comment peut-il reconnaître ses amis au milieu de tant de camarades? C'est agréable, les camarades; mais c'est meilleur, les amis, va, mon cher Carjat!

Puis arrivent successivement les correspondants des journaux étrangers et des journaux des départements : Louis Gottard, Léon Cladel, Ranc, Lafont, Pessard, Spuller, Pelloquet, Jules Richard, Castagnary...

Castagnary est plus que correspondant : depuis le 1ᵉʳ novembre il est rédacteur en chef d'un journal qui a eu bien des vicissitudes, du *Nain Jaune*. Aurélien Scholl l'a fondé — pour la seconde fois, à moins que Cauchois Lemaire ne compte pas. Après lui est venu le farouche Théophile Silvestre et le terrible Ulysse Pic. Après Silvestre, Aurélien Scholl, déjà nommé. Maintenant c'est Castagnary, un écrivain sérieux et un journaliste fantaisiste, — garantie de succès. Malheureusement, derrière *le Nain Jaune* il y a *l'Europe*, — et le doublé n'a jamais valu l'or pur.

En même temps que les correspondants arrivent de tous côtés et de tous journaux des citoyens de la république des lettres, petits et grands, amis et ennemis, qui choisissent leur table pour éviter tout contact antipathique, mais sans pouvoir éviter celui du regard, — car on s'observe beaucoup au café de Madrid ! Il y a le clan des auteurs dramatiques et le clan des poëtes, le clan des fantaisistes et le clan des purs, le clan des romanciers et le clan des musiciens. A cette table, Charles Bataille et Alphonse Daudet, Alphonse Duchesne et Lafont ; à cette autre, Amédée Rolland et Viellot, Jean Du Boys et J.-J. Debillemont ; à cette autre, Belot et Pradines, Hector de Callias et Fernand Desnoyers ; à cette autre, Ponson du Terrail et Léopold Stapleaux, Durandeau et Olivier Métra ; à cette autre, Charles Monselet et Hippolyte Babou, Jules Vallès et Albert Wolf ; à cette autre, cinq ou six autres gens de lettres, de palais, de musique ou de photographie, — et, circulant au milieu, Clovis, le garçon, qui répond à tout le monde sans se troubler.

Les correspondants des journaux étrangers et des journaux des départements ont envoyé leurs correspondances : ils peuvent se livrer maintenant au charme de la causerie ou du jacquet. Cependant, comme le café de Madrid est un centre de nouvellistes, les nouvelles y abondent, apportées par celui-ci ou par celui-là ; les oreilles les recueillent et bientôt les plumes marchent. Cette correspondance supplémentaire, souvent plus intéressante que la première, doit être rédigée sur le pouce, avec la rapidité de l'éclair, car tout à l'heure il ne serait plus temps, — tout à l'heure, dernière levée dans les grands bureaux de poste, dont les abords sont en ce moment assiégés par la foule des retardataires.

Comme au lieu d'étouffer un perroquet — et d'étrangler la réputation de son prochain, — il est plus doux d'entendre, assis ou debout, la musique militaire du jardin du Palais-Royal, ou du jardin des Tuileries, ou du jardin du Luxembourg ! C'est l'absinthe des gens délicats, et c'est une absinthe délicieuse, dont l'ivresse vaut mieux que l'autre.

De celle-là, au moins, je n'ai gardé aucune amertume aux lèvres ni aucun dégoût au cœur — malgré les farces qu'elle m'a jouées... Pendant que les musiciens soufflaient dans leurs cuivres, nous faisions le tour du parterre au milieu duquel ils se placent, et nous nous croisions avec des grisettes du quartier, de petites filles rieuses qui semblaient échappées d'un roman de Paul de Kock. *Empoigné* par la musique, je ne prêtais nulle attention aux discours et aux gestes de l'ami que j'avais à mon bras et qui, lui, ne venait à cette heure au Luxembourg que pour y cueillir le jour. Règle générale, de deux femmes qui se promènent ensemble, l'une est jolie et l'autre est laide : quand les cuivres et les clarinettes avaient cessé, je me retrouvais toujours dans la grande allée du Luxembourg, en route pour le cabaret de la mère Monper, donnant le bras à une Mimi Pinson grêlée ou hors d'âge, tandis que mon ami marchait triomphalement en avant, orné d'une adorable Manon Lescaut rose et fraîche comme un printemps... Cela ne me corrigeait point d'aller chaque soir entendre la musique au Luxembourg; le temps seul m'en a corrigé, — je ne sais pas pourquoi.

Le temps aussi corrigera ces jeunes écervelés que les recors emmènent dans un fiacre vers le milieu de la rue de Clichy, au féroce n° 72. Il est cinq heures, dernier délai accordé par l'hôtel de la Dette à ceux qui veulent devenir ses locataires : hâtez-vous donc, recors, si vous voulez arriver à temps ! O Clichy ! malgré les dessins joyeux de Gavarni, tu es une abominable prison, — non parce qu'abominable, mais parce que prison...

J'allais oublier qu'à cinq heures sortent de la Bibliothèque impériale les employés du Catalogue qui ont mis une rallonge de vingt sous à leur journée de trois francs, et, de la salle d'armes de Jacob, — le professeur du faubourg Montmartre, élève de Grisier et le meilleur tireur de France, — une foule de journalistes, l'espoir de l'avenir : A. Lafont et H. Fouquier, Ranc et Clément Duvernois, G. Isambert et Lomon, Joncières et Prével. Castagnary en sort quelquefois aussi, mais rarement, — ses fonctions d'Aurélien Scholl en chef du *Nain Jaune* l'absorbant tout à fait.

J'aime à voir cette vaillante jeunesse s'habituer au jeu de l'épée : on ne sait pas ce qui peut arriver. D'ailleurs, l'escrime est un exercice fort hygiénique.

SIX HEURES DU SOIR

Angelus du soir, — espoir !

Les biches reviennent du Bois, seules ou en compagnie, ramenantes ou ramenées, pour dîner chez Brébant ou à la Crémerie, à la Maison d'or ou chez la mère Giquet, — selon que leur chasse a été heureuse ou qu'elles rentrent bredouille.

Les pompiers se rendent, par petites escouades, casque en tête, mais sans armes, aux différents théâtres de Paris, toujours menacés d'incendie. En même temps qu'eux, paraissent, se rendant aux mêmes endroits qu'eux, des soldats de la garde municipale à cheval — sans chevaux : la foule qui s'amuse a besoin d'être surveillée et contenue.

Les rapins des deux sexes sortent du Louvre, d'où l'on a renvoyé le public à quatre heures. C'est une mesure récente, fort louable, qui a prolongé ainsi la journée de travail des artistes. La vie est courte, et l'art est difficile !

Les ouvriers du bâtiment — maçons, charpentiers, serruriers, etc., — quittent l'ouvrage ou le chantier, trouvant, eux, que leur journée est trop longue d'une demi-journée au moins. C'est le *travail attrayant* par excellence, l'art ! Mais le travail manuel ?...

S'il rapportait assez, encore ! Mais non ! il faut croire qu'il est insuffisant, puisque chaque soir, vers six heures, les succursales du Mont-de-Piété sont assiégées, littéralement, par des gens — qui ne sont pas des rentiers. Il faut dîner, surtout lorsque l'on n'a pas déjeuné le matin, et que l'on n'a même pas soupé la veille. Il faut dîner et faire dîner la petite famille, — des bouches gloutonnes, des appétits féroces ! Un homme, cela peut jeûner un jour, deux jours, trois jours ; mais des enfants, il faut que cela mange, — ou alors cela meurt. Et, quoique cela coûte à nourrir, c'est si gai dans une maison, les enfants !

Les comiques du Palais-Royal, — Léonce, Kalekaire, Berthelier, — descendent la rue des Martyrs, se rendant à leur théâtre avec la même absence d'empressement que les employés à leur ministère et les enfants à leur école. Ils ont l'air bien tristes, ces bouffons, bien tristes ! Le fait est que cela n'a rien de bien amusant d'amuser tous les soirs la foule...

Thérésa en sait quelque chose, elle pour qui la foule s'empresse en ce moment aux portes de l'Alcazar, afin d'être aux premières places d'où l'on peut le mieux voir et entendre *la Patti de la chope*. Elle en sait quelque chose, cette idole de la foule, que la foule a faite son esclave depuis bientôt deux ans. Il y a six mois, à l'Alcazar d'été, aux Champs-Élysées, elle l'avait brutalement et cruellement sifflée parce qu'elle n'avait pu lui chanter, étant malade, sa chanson de prédilection, *Rien n'est sacré pour un sapeur !* Malade ! Est-ce qu'on a le droit d'être malade quand on appartient au public ? Malade ! quelle plaisanterie ! « Allons, chante, Thérésa ! Tu en mourras peut-être, mais chante ! plus haut ! plus fort ! On ne t'entend pas ! Veux-tu chanter tout de suite, esclave, ou je casse tout !... » Et Thérésa ayant été dans l'impossibilité absolue de chanter, le public, son seigneur et maître, avait en effet tout cassé, et on ne sait pas où il se serait arrêté si la police n'était intervenue.

Il y a quelque temps, ç'a été autre chose — du même genre. Thérésa avait à peine réintégré l'Alcazar d'hiver, rue du Faubourg-Poissonnière, et elle avait repris son répertoire de chansonnettes-Houssot, s'imaginant que ce qui avait ravi son Sultan pendant si longtemps pouvait bien le ravir quelque temps encore : elle allait entamer *Rien n'est sa..a..cré pour un sapeur*, son triomphe, quand des cris nombreux, mêlés de sifflets, se firent entendre. « Non ! non ! plus de *Sapeur ! La Femme à barbe !* nous voulons *la Femme à barbe !* » Thérésa dut obéir et rengaîner sa chansonnette favorite, qui n'est plus celle du public. Pauvre Thérésa ! Elle aura un soir ou l'autre le sort de son *Sapeur :* on lui préférera quelque chanteuse — à barbe...

Charles Joliet — les poches veuves des manuscrits avec lesquels il les avait mariées le matin —

rentre vertueusement chez lui, la tête farcie de projets de romans, de scénarios de comédies, de plans de drames et de sujets d'articles. Pourvu qu'il ne s'avise pas, comme Jules Janin, de refaire *le Neveu de Rameau!*

M. Polydore-Moïse-Mardochée Millaud remonte le faubourg Montmartre avec l'allure d'un homme satisfait de soi. Ce Titus du journalisme n'a pas perdu sa journée ! S'apercevant que *le Soleil* ne se débitait pas avec la même rapidité que la galette du Gymnase, et qu'il était moins feuilleté qu'elle, il a imaginé de le fusionner avec *le Petit Journal.* Demain, il imaginera peut-être autre chose de plus ingénieux; mais comme il a la modestie de Jenny l'ouvrière, et qu'il se contente de peu, il s'en va, se frottant les mains de son excellente idée d'aujourd'hui. Il y perd, — qu'importe! pourvu que le public y gagne! Mais le public y gagne-t-il? Telle est la question.

M. Polydore-Moïse-Mardochée Millaud remonte donc le faubourg Montmartre, puis la rue Notre-Dame-de-Lorette; il tourne la place Saint-Georges, à gauche, et s'arrête devant une grille dorée sur toutes les coutures : c'est la grille de son hôtel, où tout est doré, comme chez Trimalcion, depuis la cave jusqu'au grenier, depuis la loge du concierge jusqu'aux « lambris » du maître. Quand on a vécu d'or, il est tout naturel qu'on s'entoure d'or, qu'on mange dans l'or, qu'on boive dans l'or, qu'on dorme dans l'or... Pourquoi M. Millaud ne parle-t-il pas d'or, comme saint Jean Chrysostôme ?...

Cette grille me rappelle le temps où mon cher Privat — l'honnête bohème calomnié par un tas de grimauds malhonnêtes — manquait quelquefois de la monnaie nécessaire pour constituer une pièce de cinq francs, c'est-à-dire un dîner de deux couverts, pour lui et un compagnon de détresse, car les fils de Villon sont ainsi faits, qu'ils mangeraient mal s'ils mangeaient seuls. Lorsque cela lui arrivait — plus souvent qu'à son tour, — il m'entraînait vers la rue Saint-Georges, s'arrêtait devant l'hôtel de M. Millaud, tirait un canif de sa poche et grattait silencieusement et doucement la fameuse grille. — « Que fais-tu donc là, cher ami ? » lui demandais-je intrigué par cette opération. — « J'emprunte cent sous à Millaud ! » me répondait-il. Et me prenant sous le bras il m'entraînait chez Krautheime, qui, ces jours-là, oubliait de lui faire présenter l'addition...

Il est six heures : les cimetières se vident de leurs vivants, qui redescendent vers le centre de la ville en se félicitant, à part ou entre eux, de n'être pas encore enterrés. Comme s'il y avait vraiment de quoi !

Je connais même, à ce propos, un sybarite — plagiaire involontaire des raffinés de l'antiquité — à qui une tournée quotidienne au Père-Lachaise est nécessaire pour se mettre en appétit.

Moi, je l'avoue, je prends mes apéritifs ailleurs, — par exemple sur mon chemin, quand je remonte vers Montmartre et que je rencontre les demoiselles du corps de ballet qui s'en vont rue Le Peletier, où l'on joue *Giselle* ou *l'Africaine*. Ce sont les *rats* de tantôt, un peu mieux habillés que tantôt — en prévision des galantes conduites qu'on pourra leur faire à leur sortie de l'Opéra. Il y en a d'appétissants, parmi ces rats !

Sept Heures du soir

SEPT HEURES DU SOIR

Les *absintheurs* des cafés du boulevard s'arrachent aux douceurs du papotage et de la médisance et se dirigent vers les endroits de réfection qui leur sont habituels, ici et là, — mais surtout ailleurs. Les gens de lettres dépensent tant d'argent avant leur dîner — presque autant d'argent que de salive — qu'ils sont bien forcés d'aller frapper aux portes banales des bouillons Duval de leur quartier. Ils parlent bien, mais ils mangent mal.

Quelques-uns cependant — correspondants de journaux étrangers ou collaborateurs assidus de journaux parisiens — adoptent, pour un temps plus ou moins long, des établissements culinaires d'un ordre moins infime. Ceux-ci vont à la brasserie des Martyrs, ceux-là au *Rat-Mort*, ceux-ci encore au n° 66 de la rue du Faubourg-Montmartre, chez Loussert, ou rue de Bréda, chez Dinochau.

Monselet est de ces derniers. Quand il n'est pas prié à dîner par quelque Mécène de la finance ou par quelque fastueux provincial ami des littérateurs, il daigne honorer de sa présence, toujours saluée par des vivats, le cabaret d'Édouard, dit *le Restaurateur des lettres* — comme le monarque qui mourut à Rambouillet.

Ah! ce cabaret! il en a vu passer de ces célébrités — dont on ne parle plus à cette heure! Il a réuni, et en grand nombre, d'éloquents diseurs de riens, des gens de plume et de brosse, des fils d'Apollon, rarement frères! Nous y sommes venus tous, petits et grands, classiques et romantiques, amis et ennemis! Nous sommes tous venus dans cet endroit désormais fameux comme le cabaret de Landel, où

« Chaque soir une table aux suaves apprêts
Asseyait près de nous nos belles adorées! »

C'est si gai, même le plus maigre festin, quand il est orné de femmes souriantes et hospitalières aux tendres propos !

Car c'est une justice que je rends volontiers au cabaret de Dinochau : de toutes les buvettes artistiques et littéraires avec lesquelles les hasards de la vie m'ont forcé de faire connaissance, c'est celle où l'on s'est le plus occupé de choses aimables. Quand j'arrivais au milieu de ces dîneurs enluminés de bonne humeur, il me semblait voir les sages de la Grèce assemblés chez Périandre, tyran de Corinthe, pour chanter les louanges de ce qu'il y a de plus beau et de meilleur au monde, — les femmes et les roses, puis les femmes et le vin, puis encore les femmes et l'esprit.

Maintenant que je connais, et même que je tutoie — sans en être ni plus ni moins fier — mes contemporains les plus en vedette sur les affiches de théâtre ou aux vitrines des libraires, et la plupart mes supérieurs par le talent ou par l'habileté, j'ai quelque peine à croire qu'il y a eu un temps où j'aurais donné je ne sais pas trop quoi — n'ayant absolument rien — pour voir de près M. Élie Berthet ou M. Alphonse Brot, M. Carmouche ou M. Mélesville. Ce temps-là a été pourtant. J'ai tremblé comme à mon premier rendez-vous et plus qu'à ma première affaire le jour où j'ai été introduit auprès de Touchard Lafosse, mort aujourd'hui et oublié depuis longtemps — de tout le monde excepté de moi. J'allais voir, j'allais entendre un homme dont j'avais dévoré les *Chroniques de l'Œil-de-bœuf* dans mon pupitre, derrière une barricade improvisée avec mon *Gradus* et celui de mon copain de droite! Qu'eût-ce donc été s'il m'eût invité à déjeuner!

Ah! je ris aujourd'hui de ces émotions ridicules d'autrefois; je ris — et j'ai tort. D'abord il serait à souhaiter que tous les débutants rencontrassent sur le seuil de la vie un homme aussi spirituel et aussi bienveillant que l'était Touchard Lafosse; ensuite ces émotions ridicules ont pour moi un certain charme. Je voudrais encore savoir et pouvoir rougir à l'aspect d'un homme célèbre — peu ou prou. Le vermillon sied bien aux joues imberbes.

Donc, de sept à huit heures du soir, pendant que les bourgeois vont au spectacle ou à la promenade, selon le temps qu'il fait, la littérature et l'art jouent de la fourchette. Les boursiers et les élégants en font autant, au cabaret aussi, — car c'est la mode; seulement, au lieu de s'appeler Dinochau, Chassy ou Loussert, leurs cabaretiers s'appellent Bignon, Brébant, Verdier ou Peter's-Fraisse.

Charles Joliet, lui, contrairement à l'habitude de la plupart de ses confrères, dîne chez lui afin d'être plus tôt au travail.

Huit Heures du soir

HUIT HEURES DU SOIR

Pendant que les grisettes — laissons croire qu'il y en a encore — s'en vont à la Chartreuse en compagnie d'étudiants, leurs amis de cœur; pendant que les biches vont à Mabille, pour y rencontrer des cocodès; pendant que les cuisinières vont chez Dourlans et les domestiques au Pré-aux-Clercs, les petites ouvrières — fleuristes, brunisseuses, piqueuses de bottines, lingères, couturières — sortent par essaims bourdonnants et rieurs de leurs magasins comme des abeilles de leurs ruches. Celles qui sont sages ou laides regagnent leurs mansardes solitaires. Celles qui, n'étant pas laides, trouvent incommode d'être sages, vont où leur cœur de linotte leur dit d'aller, quittes à s'en mordre les pouces après, — Dieu ayant fait du repentir la vertu des mortelles qui n'en ont pas plus qu'il ne faut.

C'est le spectacle offert par elles chaque soir, vers huit heures, tout le long, le long des trottoirs de la rue Saint-Martin ou de la rue Saint-Denis, de la rue du Temple ou de la rue Rambuteau, aux flâneurs qui guettent une cornette blanche comme les chasseurs une perdrix rouge. C'est si joli un bonnet de linge campé sur l'oreille, les brides au vent ! Et puis, malgré l'astuce naturelle à la femme, c'est si innocent, ce gibier-là, si innocent ! et, en amour, l'innocence est une si savoureuse épice !

— « Mademoiselle, pardon... N'ai-je pas eu déjà l'honneur de vous rencontrer quelque part ? — C'est impossible, monsieur, je n'y vais jamais... — Ah ! vous êtes cruelle ! Si jolie, vous devriez être bonne, pourtant ! — Monsieur, je vous prie de passer votre chemin... Je ne vous connais pas !... — On commence toujours par là avant de se connaître... Voulez-vous accepter mon parapluie ?... — Mais, monsieur, il ne pleut pas !... »

Vous avez ri : vous êtes désarmée... Prenez mon bras... » C'est bête, mais cela prend toujours — comme la poudre quand on l'approche du feu.

Evidemment les petites ouvrières en bonnet ne valent pas les duchesses en chapeau, la chemise de coton ne vaut pas la chemise de batiste; mais

« .... Qu'importe, dans l'ombre obscure,
L'habit qu'on revêt le matin,
Et que la robe soit de bure
Lorsque la femme est de satin ! »

Une autre variété de *suiveurs*, ce sont les messieurs à qui l'âge a enlevé les cheveux sans leur enlever les passions et qui promènent leur calvitie dans les passages fréquentés par les femmes qui aiment à être suivies par les gens chauves. Les jeunes gens, c'est un feu de paille; les gens chauves, une fois allumés, mettent du temps à brûler, — et cela rapporte de la *braise* aux femmes économes.

J'ai toujours tressailli en voyant, dans un passage, un vieux s'approcher d'une jeune arrêtée — hélas! à dessein — devant une vitrine de joaillier. Ah! vieillesse! pourquoi ne te résignes-tu donc pas à être vieille? Ah! jeunesse! pourquoi oublies-tu que tu es jeune? Concupiscence et vénalité!

En tout cas, je préfère les *suiveurs*,— même ceux de la précédente catégorie, — aux gens qui ont les yeux collés chaque soir aux vitres des magasins de *la Belle Jardinière*, pour voir faire la caisse de la journée.

C'est donc bien beau, des piles de louis et de pièces de cinq francs? C'est donc une musique bien agréable, celle de ces cascades d'or et d'argent? Quoi! à cette heure où la toile de l'Opéra se lève sur les merveilles de *l'Africaine*, où l'orchestre du Théâtre-Lyrique entame l'ouverture de *la Flûte enchantée* du divin Mozart? Sans doute cela coûte gros une stalle, rue Le Peletier ou place du Châtelet, tandis que dans la Cité cela ne coûte absolument rien, — et c'est un spectacle comme un autre, après tout.

Le fait est qu'on doit en remuer, de cette monnaie, dans une maison qui a demandé dix millions à la Ville comme indemnité de déplacement.

Je viens de parler de théâtres : c'est l'heure où M. et Mme de Pène descendent de voiture à la porte du Vaudeville ou de la Gaîté, de l'Opéra-Comique ou du Palais-Royal, là enfin où l'on donne une première représentation ou une reprise importante.

Le rideau est levé, la pièce commencée : M. et Mme de Pène font leur entrée. Et c'est tous les soirs ainsi !

La nuit est venue, l'ombre est trop épaisse sous les marronniers des Tuileries et du Luxembourg pour que la morale ne s'en effarouche pas un peu ; aussi, au Luxembourg et aux Tuileries, on entend des voix sonores de tourlourous répétant sur tous les tons et avec tous les accents : « On va fermer ! On *farme !...* »

Ah ! les belles soirées d'été passées sous les vieux arbres de ces vieux jardins, dans l'ombre et dans le silence, à causer de toutes sortes de choses charmantes avec des amis de choix, ou avec une maîtresse aimée, cœurs battants, mains enlacées, lèvres émues et balbutiantes !

« . . . .
Nous nous grisâmes de lilas ;
Nous palpitions, joyeux, superbes,
Éblouis, innocents, hélas !

Penchés sur tout, nous respirâmes
L'arbre, le pré, la fleur, Vénus ;

Ivres, nous remplissions nos âmes
De tous les souffles inconnus.

Nos baisers devenaient étranges,
De sorte que, sous ces berceaux,
Après avoir été deux anges,
Nous n'étions plus que deux oiseaux. »

Où sont-ils maintenant mes compagnons d'espérances du temps jadis, qui devaient marcher avec moi jusqu'au bout? Où sont-elles les adorées qui devaient m'aimer jusqu'à la fin — et qui ont eu fini tout de suite? Est-ce de ma faute ou de la leur si je marche aujourd'hui solitaire dans les *petits chemins* pleins de pierres de la vie? De leur faute, peut-être un peu; de la mienne, sans doute beaucoup. Je n'accuse personne, je regrette seulement parfois de n'être plus le jouvenceau dont l'esprit était ouvert à toutes les folies et le cœur à toutes les crédulités. Parfois il me prend envie de dire à ces jeunes gens qui rougissent d'être jeunes et se font graves avant l'heure :

« Donnez-moi vos vingt ans, si vous n'en faites rien ! »

Mais le plus souvent je souris de toutes ces

juvénilités, et je me demande ce que je ferais des vingt ans de ce monsieur qui passe, puisque je n'ai rien su faire des miens. Recommencer la vie? Ma foi non !

Si je fus heureux, je ne sais !
Ma jeunesse s'en est allée
Avant que je lui disse assez,
Mais je ne l'ai pas rappelée.

Les noix succèdent aux cerneaux
Et les pâturages aux grèves :
J'ai tiré ma poudre aux moineaux
En jetant ma jeunesse aux rêves.

Je n'ai plus le culte d'hier,
J'ai celui de l'heure présente,
« Je fus » n'a rien dont je sois fier,
« Je suis » me rend l'humeur plaisante.

Aimer, c'est souffrir ; j'ai pâti.
Le souvenir est une pierre
Avec laquelle l'on bâtit
Les tombes de son cimetière.

Tirons le verrou sur le passé : le livre vaut bien le roman.

Donc, on ferme le Luxembourg, et les promeneurs qui ont de la jeunesse à dépenser envahissent le *Beuglant*, l'Alcazar de la rue Contrescarpe, où l'on peut entendre, en fumant et en buvant, l'audacieuse mademoiselle Jeanne, que l'affiche appelle *la Thérésa du quartier latin*. Ne faut-il pas mettre *la Gardeuse d'ours, le Sapeur, On y va!* à la portée de tout le monde ? On a abruti la rive droite avec ces mirlitonades : au tour de la rive gauche, maintenant !

Charles Joliet a dîné. La vie privée est murée, e n'ai pas le droit... Cependant j'ose affirmer que l'auteur du *Médecin des dames*, à cette heure de nuit où la digestion devrait régner en souveraine sur lui, est en train de donner audience à la Muse *Il abat de la copie*. Brave Joliet ! en voilà un qui ne veut pas que ses contemporains l'oublient !

Les bœufs de Poissy piétinent dans le macadam des boulevards extérieurs, allant à l'abattoir de l'avenue Trudaine ou à l'abattoir Popincourt. Ils viennent par bataillons épais, silencieux, résignés, éreintés par les six ou sept lieues qu'ils ont faites. Nous avons plus de charité pour nos condamnés à mort : nous mettons des charrettes à leur disposition.

Les chiens — fidèles et cruels serviteurs — se multiplient sur les flancs des troupeaux qu'ils guident vers l'échaudoir ; ils aboient, ils mordent, recevant tantôt un coup de bâton de leurs tyrans les bouviers, et tantôt un coup de pied de leurs victimes les bœufs. Les a-t-on dressés à ce métier, ou le font-ils instinctivement et par goût ? Je voudrais bien le savoir, parce que j'aime les chiens courageux et doux autant que je hais les chiens serviles et lâches.

Quelquefois, en passant devant la fontaine de la place Pigalle, les bœufs d'avant-garde s'arrêtent, tournent la tête, et, attirés irrésistiblement par la fraîcheur de l'eau, entrent dans le bassin et s'y vautrent avec volupté comme dans les hautes herbes de la vallée d'Auge. Les rangs sont aussitôt rompus, et c'est à qui, parmi ces nobles bêtes qu'attend le couteau du boucher, trouvera un coin où se rafraîchir et se délasser. Les bouviers jurent, les chiens aboient, coups de crocs et de bâtons pleuvent : c'est un charivari qui serait amusant s'il n'avait pas son côté mélancolique.

Neuf Heures du soir.

NEUF HEURES DU SOIR

Joueurs d'orgues, montreurs de lanterne magique, cigales et bohémiens de l'art en plein vent regagnent leurs taudis de la Montagne Sainte-Geneviève : passé neuf heures, ils n'ont plus le droit d'écorcher les oreilles des Parisiens ; ils abandonnent ce soin aux pianos des petites demoiselles — qui s'en acquittent à merveille.

Paris a d'ailleurs d'autres musiciens chargés de l'abreuver d'harmonie, — ceux des cafés-concerts, où le public se renouvelle à chaque instant, plus souvent que l'air, vicié par la fumée de tabac.

C'est le moment où les boulevards sont encombrés de promeneurs, depuis la Madeleine jusqu'à la Bastille, depuis la rue Soufflot jusqu'à la gare de Strasbourg. Les anciens boulevards extérieurs aussi, car s'ils n'ont pas encore l'éclat de ceux du centre, — il est douteux qu'ils l'aient jamais, — du moins ont-ils maintenant une vie, une animation, qu'ils n'avaient pas avant le 1ᵉʳ janvier 1860 ; les platanes qu'on y a plantés ne dédaignent pas d'y pousser, quoique ce soit pour procurer de l'ombre à des plébéiens.

Les boulevards proprement dits, les seuls qu'on connût sous Louis-Philippe, ruissellent de lumières, celles des boutiques et celles des cafés, dont les *terrasses* sont garnies d'oisifs et de travailleuses, — les uns qui tiennent à voir passer les promeneurs, les autres qui tiennent à en être vues. La digestion prédispose à la tendresse ; le vin de Bourgogne met des lunettes roses aux yeux les plus refrognés, et leur fait trouver charmantes, à cette heure, ainsi étalées avec leurs jupes bouffantes sur les chaises des terrasses, des drôlesses pour lesquelles ils n'auraient eu que du mépris quelques heures auparavant.

Elles le savent bien, les sirènes! Elles connaissent le cœur masculin sur le bout de leurs doigts, et elles se garderaient bien — le leur permît-on — d'exercer leur petite industrie avant le coucher du soleil. C'est quand le soleil se couche que leur étoile se lève sur le ciel parisien, — l'étoile du berger, *stella Veneris*. Maquillées comme elles le sont, dans le jour elles seraient affreuses comme des momies échappées de leurs sépulcres; mais le soir, avec ces lumières perfides des becs de gaz qui n'éclairent que ce qu'on veut montrer et rien de ce qu'on a intérêt à dissimuler, elles ont des séductions irrésistibles, — surtout pour des gens qui ont bien dîné. Ah! combien de provinciaux, qui s'étaient bien promis de ne pas « se laisser jobarder par ces coquines de Parisiennes, » n'ont eu rien de plus pressé, en débarquant sur les boulevards, à neuf heures du soir, que d'oublier leurs promesses! Le boulevard est un maëlstrom de soie et d'or, où viennent se perdre bien des petites naufs qui, sûres de leur mâture et de leurs agrès, riaient du naufrage des autres et ne croyaient pas le leur possible. Que de petits Saints-Jeans

Paris a renvoyés à leur province, qui les lui avait envoyés cossus, bourrés d'argent, truffés de billets de banque! Le beurre fond moins vite dans la poêle qu'une vingtaine de mille francs dans la main d'une jolie fille...

Comme tous les papillons de nuit, ces phalènes — pardon! — vont cogner leur joli petit nez rose à toutes les vitres allumées, petits et grands cafés. On les voit spécialement sur le boulevard des Italiens, leur quartier-général, mais on les rencontre aussi à la *Brasserie des Martyrs*, au *Rat-Mort*, à la *Nouvelle-Athènes*, et dans d'autres buvettes artistiques ou littéraires du quartier.

Histoire bien connue, cent fois racontée et toujours à raconter — parce que toujours intéressante pour le moraliste. Coralie consent à Camusot, mais elle se réserve Lucien de Rubempré, cet artiste ou ce vaudevilliste. Ne faut-il pas qu'elle se dédommage un peu avec celui-ci des ennuis qui ne manquent jamais de lui arriver avec celui-là?... Un vieux levain de grisette, quoi! Cela dure tant que cela peut durer, et c'est toujours autant de pris sur l'ennemi — qui est son maître! Cela dure jusqu'au jour où elle comprend que Camusot a raison quand, après une scène où elle l'a menacé de le quitter pour aller vivre avec l'amant de son choix, il se contente de lui dire en souriant, comme M. Coquardeau à la Paméla de Gavarni : « Ne plus m'aimer, Coralie? mais c'est un luxe que vos moyens ne vous permettent pas ! »

O le châtiment du vice ! il est cruel.

Il n'y a pas que des péripatéticiennes intéressées sur le boulevard, à neuf heures du soir : il y a aussi des péripatéticiens désintéressés, des gens qui aiment à fouler l'asphalte, à aller et venir de la Chaussée-d'Antin à la rue Laffitte, en causant de toutes sortes de choses vieilles ou nouvelles, et même en ne causant de rien du tout.

M. Mirès est de ceux-là. Chaque soir il se promène sur le boulevard des Italiens, côté droit, seul ou en compagnie d'un ami, échangeant quelques paroles avec les preneurs de glaces de sa connaissance assis devant Tortoni, l'éternel Tortoni.

M. Mirès est certainement une personne fort honorable et une personnalité fort intéressante ; cependant je m'intéresserais davantage à lui, habitué du perron de Tortoni, si, au lieu de s'appeler Mirès, il s'appelait le baron de Saint-Cricq, un des originaux du règne de Louis-Philippe, mort aujourd'hui. Car enfin, ce n'est pas M. Mirès qui entrerait demander une tasse de café noir, puis une plume, de l'encre, des pains à cacheter, de la poudre à sécher, une feuille de papier blanc, et qui, au lieu d'écrire, jetterait sa poudre, ses pains à cacheter, son encre dans son café, remuerait et avalerait cette invraisemblable mixture, quitte à la rejeter après au nez du garçon ébahi! Ce n'est pas M. Mirès qui, installé devant le perron de Tortoni, demanderait une glace à la vanille et une glace à la framboise, et qui, après les avoir obtenues, ôterait tranquillement ses bottes et verserait dans l'une la glace vanillée et dans l'autre la glace framboisée, en répétant comme une leçon apprise d'avance : « Glace à la vanille, botte droite! Glace à la framboise, botte gauche!... »

O plaisant et original baron de Saint-Cricq! je vous regrette, aujourd'hui qu'il n'y a plus, sur les boulevards et ailleurs, que des types frustes et des physionomies sans physionomie!

Neuf heures est aussi l'heure où la boutique de la *Mère Moreaux* et celle de sa concurrente la *Mère Duriot* s'emplissent de nouveau de consommateurs.

Dans la journée, il vient peu de monde dans ces

boutiques étincelantes de glaces, de dorures et de jolies filles ; si peu de monde, même, que l'on remplace les jolies filles par un ou deux garçons en tablier bleu, et que si on l'osait on remplacerait les glaces par des carreaux de verre à bouillons. De loin en loin un passant, un flâneur, un curieux, un provincial qui a entendu parler des « charmes » de la Mère Moreaux et qui veut la contempler en croquant un chinois ou une prune à l'eau-de-vie. Je n'ai pas besoin d'ajouter qu'il y a longtemps que la « Mère Moreaux » n'est plus de ce monde et que, depuis longtemps aussi, celle qui lui a succédé, Madame Lesueur, est retirée du commerce. Quant à la « Mère Duriot, » je manque de renseignements précis.

Ce n'est que dans l'après-midi, vers quatre ou cinq heures, que l'animation se fait autour de ces comptoirs d'argent ou d'étain, garnis alors seulement de leurs Hébés fascinatrices.

Les absintheurs arrivent, fidèles à leur habitude de chaque jour. Ne croyez pas que ce sont des habitants du quartier du Pont-Neuf, ces buveurs d'absinthe : ils viennent au contraire des quatre coins de Paris. Celui-ci est employé au chemin de fer d'Orléans ; celui-là est expéditionnaire au ministère des finances; cet autre est étudiant en droit; cet autre étudiant en médecine; cet autre aspirant journaliste ; cet autre je ne sais plus quoi; et tous demeurent je ne sais où, — mais, en tout cas, loin de la place de l'École. Ils consomment, debout, le poison vert qu'on leur débite, moyennant quinze centimes, aussi bon qu'ailleurs moyennant cinquante centimes. Quand ils ont bu, ils reboivent, et puisent une double ivresse au fond de leurs verres et des regards des filles blondes ou brunes qui leur distribuent leurs sourires avec une désolante impartialité. Quelques-uns sortent de là ivres-morts d'amour et vont se coucher — sans souper.

Car voilà l'effet ordinaire de ce prétendu apéritif : il ferme les voies qu'il est chargé d'ouvrir; plus on en boit, moins on a faim. Ah! souvenirs du temps jadis, vous me revenez en ce moment âpres et douloureux! Je me rappelle les folles heures dépensées ainsi, autour de ces comptoirs, à laper goulûment le double poison servi par d'aimables indifférentes, — absinthe et sourires mêlés! Pauvre petite Christiane! Orgueilleuse Coralie! Blonde Marie! Sauvage Rosette! Brune Lucy! Un bataillon de sirènes habillées de soie et de dentelles comme des princesses des contes de fées, et, comme elles, vomissant en parlant des perles les unes, des crapauds les autres, — des crapauds plus encore que des perles. De toutes, une seule a surnagé dans ma mémoire encombrée de débris de choses et de noms, la petite Christiane. Pauvre chère enfant! la moins bégueule et la plus honnête de toutes. Je la revois encore avec ses yeux bleus de pervenche, avec ses joues pâles tachetées par moment d'un vermillon de mauvais augure, avec ses chères petites mains rouges et crevassées qu'elle était honteuse de nous montrer et que j'aurais cependant dévotement baisées — de préférence aux mains blanches de ses compagnes : mains d'honnête fille, que j'avais un soir senties tressaillir furtivement dans les miennes, et que la mort a croisées à jamais sur sa chaste poitrine ! Chère petite morte, celui qui vit te salue !

Donc, vers cinq heures, et surtout vers neuf heures du soir, la foule béotienne s'enfourne dans les débits de prunes de la Mère Moreaux et de la Mère Duriot. Ce qui s'y consomme dans une soirée est incalculable, et je comprends que, malgré le luxe de ces établissements, leurs propriétaires y fassent vite fortune : ce ne sont pas les noyaux qui manquent...

Pendant que les temples païens sont assiégés de fidèles, buveurs ou danseurs, les temples chrétiens se dégarnissent des leurs. Dieu cesse d'être adoré quand les dieux commencent à l'être. Le bedeau fait sa tournée sous les voûtes mystérieuses où retentit le bruit cadencé de son pas solitaire et de sa longue canne à pomme d'argent. L'orgue est muet, la chaire est déserte, le confessionnal est vide. La dernière dévote vient de terminer sa dernière oraison; elle s'en va à pas lents, rêvant aux choses qu'elle a demandées à Dieu de lui envoyer, la jeunesse et la grâce peut-être, — ce que demandent en général à Dieu les femmes qui sont vieilles et qui ont toujours été laides. Quelles singulières prières doivent monter là-haut chaque jour!

Paris s'amuse. Jamais il n'a été aussi éveillé. C'est le moment du couvre-feu pour les casernes. La retraite a été battue tout à l'heure : il faut souffler la chandelle et dormir. Guerriers, rêvez lauriers!

Le pain de demain va se cuire pour les rentiers et les fainéants, pendant ce temps-là. Entendez-vous ce hahannement sinistre qui sort comme une plainte de tous ces soupiraux de caves? C'est le cri des geindres qui pétrissent la pâte dans la mêt. Ne vous penchez pas curieusement pour les regarder travailler, — à moins que vous ne teniez à vous assurer par vos yeux que c'est bien en effet de la sueur des ouvriers que nous nous nourrissons, vous et moi, qui pourtant sommes de braves gens...

Dix Heures du soir

DIX HEURES DU SOIR

Messieurs du rayon — ce que sous la Restauration on appelait des *calicots* — quittent avec empressement le magasin, que ferment les garçons de peine. Ils ont encore deux petites heures à dépenser : les dépenseront-ils en bloc ou en monnaie ? achèteront-ils une contremarque aux Variétés, ou iront-ils au divan Lepelletier assister à quelque partie de billard engagée entre deux « fameux », Mangin et Bürger, par exemple ? Les bals sont loin, les voitures coûtent cher. Au Casino peut-être ? Oui. Rien ne ressemble plus à un gandin qu'un calicot, rien plus à un calicot qu'un gandin : les cocottes s'y tromperont, — à moins qu'elles n'exigent des effets de porte-monnaie dès l'ouverture même des négociations.

En même temps que les commis s'échappent de leurs magasins, les bonnes d'enfants s'échappent de chez leurs bourgeoises, en se demandant, elles aussi, comment employer ces courts instants de liberté. Elles sont jeunes, il y en a de jolies, — et d'ailleurs, le soir on n'y regarde pas de si près. Le bal les tente, et, malgré l'éloignement, elles y courent : elles auront encore le temps de danser un ou deux quadrilles, et celles qui savent valser auront des chances pour être enlevées par leurs valseurs. Madame dira ce qu'elle voudra, baste !... Quant à Monsieur... celui-là sera trop heureux qu'elle revienne à n'importe quelle heure, dans n'importe quel état, — pourvu qu'elle revienne. La bonne n'est qu'une bonne pour Madame, qui la traite du haut en bas; c'est une femme pour Monsieur, qui la traite d'une façon différente.

Précisément, voici les bourgeois qui reviennent de leurs cafés respectifs, où ils ont fait leur partie de bézigue ou de dominos, — les seuls jeux qu'ils se permettent, parce qu'ils n'exigent ni frais d'imagination ni d'autres frais. Heureux celui qui a amené le cinq cent, ou qui a pu fermer avec le double blanc! Il se frotte gaillardement les mains, avec plus de joie que Napoléon le soir de la bataille d'Austerlitz, et gaillardement regagne le domicile conjugal, sans se rappeler le proverbe malhonnête qu'il applique si volontiers à ses adversaires quand il perd. Mais pourquoi se le rappellerait-il? Il répond de la vertu de sa femme — qui, en ce moment, la tête sur l'oreiller, la bouche doucement entr'ouverte, murmure un petit nom masculin dont les syllabes réunies auraient quelque peine à composer le petit nom de son mari.

Le Marais entier se couche comme un seul homme : s'il n'y avait pas autant de bruit dans les quartiers adjacents, on pourrait l'entendre ronfler.

Les attachés d'ambassade, les journalistes privilégiés, les familiers de la maison encombrent les coulisses de l'Opéra, déjà fort encombrées par tout un peuple de figurants et de machinistes. Ce n'est pas pour entendre la musique posthume de Meyerbeer qu'ils sont là; ce n'est pas non plus pour voir manœuvrer de plus près le fameux vaisseau de Vasco de Gama. L'*Africaine* est un opéra remarquable, sans aucun doute ; Naudin s'acquitte bien de son rôle ingrat de Vasco, Faure de celui de Nélusko, Madame Marie Sasse de celui de Selika et Mademoiselle Battu de celui d'Inès : mais il y a quelque chose de plus intéressant encore, ce sont les *rats* du corps de ballet, les petites demoiselles court-vêtues, frétillantes, agaçantes, chargées de ponctuer de jetés-battus le libretto de M. Scribe.

De même pour le théâtre de la Porte-Saint-Martin, où la mise en scène est plus riche qu'à l'Opéra, où le personnel féminin est plus considérable et plus varié qu'à l'Opéra, et où, par conséquent, attachés d'ambassades et journalistes viennent comme à l'Opéra. Madame Ugalde chante dans *la Biche au Bois* : ce n'est pas pour Madame Ugalde qu'ils sont venus, l'ayant entendue déjà dans *Galathée* et dans *les Noces de Figaro*. Laurent a beau être drôle dans son rôle de Fanfreluche, Schey amusant dans son rôle de Pélican, Lebel fantastique dans son rôle de Drelindindin : ils n'ont d'yeux et d'oreilles que pour le plumage et le ramage des jolis petits oiseaux de coulisses que le public vient d'applaudir dans le *ballet des légumes* et qu'il applaudira tout à l'heure dans le *ballet des poissons*. C'est si agréable pour une vanité masculine de pouvoir parler de près, entre deux décors, à deux pas du pompier de service, à de jolies filles à qui la foule ne parlera jamais que de loin ! Et puis, cela sonne si bien : être l'amant d'une danseuse ou d'une choriste !

Remarquez qu'il y en a de laides, et même quelques-unes de mûres, parmi ces demoiselles de chœur ou de ballet, figurantes ou premiers sujets. Si elles étaient vêtues comme la première honnête femme venue, au lieu d'être en ondines ou en filles de l'air, et si elles marchaient sur le trottoir d'une rue au lieu de trottiner sur les planches d'un théâtre, beaucoup d'entre elles ne seraient même pas regardées par les passants les moins difficiles. Mais là, derrière ces portants, dans ce costume primitif qui les déshabille si adroitement et qui est si irritant pour l'imagination, avec ces artifices de maillot et de tournure, avec l'émerillonnement provocant que donne au visage des actrices la lumière de la rampe, elles sont toutes séduisantes, irrésistibles, — comme les petites dames de cœur des boulevards. Dans la rue, on ne songerait pas à leur offrir quoi que ce soit de peu de valeur—de peur qu'elles ne l'acceptassent ; sur la scène, on tremble qu'elles ne refusent les *rivières* — ou les ruisseaux — qu'on met à leurs pieds. Affaire d'optique !

Je gage qu'un peintre — Gérôme ou Voillemot — qui aurait besoin d'un modèle pour une Phryné devant l'aréopage ou une Campaspe dans l'atelier d'Apelle, le trouverait plus certainement parmi les chiffonnières, filles ou maîtresses de chiffonniers qui, malgré le règlement, jouent du crochet çà et là, dans les tas d'ordures des rues désertes...

Onze Heures du soir

ONZE HEURES DU SOIR

BALS et cafés-concerts tirent à leur fin. Le chef d'orchestre a donné le signal du dernier galop et de la dernière chansonnette. Le tricorne de la morale est là, sur le seuil, l'œil fixé sur la pendule, disposé aux cinq minutes de grâce, — pas davantage.

Beaucoup sont venus, à Mabille ou au Casino, qui s'en retournent sans avoir fait leurs frais. Chez Dourlans ou chez Constant, à la barrière de l'Étoile ou à la barrière du Montparnasse, on est moins exposé au chou-blanc, parce qu'on est moins difficile. — « Tu me vas, je te vas : allons !... » Et ils vont, bras dessus bras dessous, le long des boulevards extérieurs, s'arrêtant pour échanger quelques à-compte, pour se voler quelques baisers en avancement d'hoirie : ils ont pourtant hâte d'arriver chez eux, ces amoureux de ce soir qui ne se connaîtront peut-être pas demain !

Tandis qu'à Mabille ou au Casino-Cadet, c'est une autre affaire — où le cœur n'entre pour rien. On a attendu le *Monsieur bien* — le Messie de toutes ces juives, — et le Monsieur bien s'est fait attendre. On a dédaigné, en vue de ce phénix, tous les merles qui ont sifflé leur air connu, sans la musique qui doit toujours lui servir d'accompagnement, — et les merles, effarouchés par tant de sagesse calculée, se sont envolés sans donner l'adresse de leur branche — où, en désespoir de cause, on se serait peut-être résignée à aller percher avec eux.

> « L'antique passion s'apaise,
> Nous sommes un autre âge d'or.
> Aimer, c'est vieux. Rosine pèse
> Bartholo, puis compte Lindor.

Le cœur ne fait plus de bêtises.
Avoir des chèques est plus doux
Que d'aller sous les frais cytises
Verdir dans l'herbe ses genoux.

Le cœur est le compteur suprême.
La femme enfin a deviné
L'effrayant pouvoir de Barême
Ayant le torse de Phryné.

Pour soulager un peu les riches
De leur argent, pesant amas,
Il sied que Paris ait les biches
Et Londres les Anonymas. »

Pendant que ces petites dames, sorties du Casino ou de Mabille, s'en vont faire espalier à la porte des cafés des boulevards, d'où elles lorgnent les passants et sont lorgnées par eux, — l'heure du souper approche ! D'autres petites dames, les forçates de l'amour banal, lasses d'avoir battu le pavé durant toute la soirée, rentrent enfin dans le bagne auquel elles se sont de gaieté de cœur condamnées. Il est onze heures, c'est l'heure du couvre-feu pour elles, l'heure où peut-être, s'il leur reste encore un peu de cœur, elles vont rentrer en elles-mêmes, réfléchir et pleurer !

Quelle existence, quand on y songe bien, que celle de ces pauvres filles — perles avant de tomber et fange après leur chute, c'est convenu — qui ont préféré le vice à la vertu sous prétexte que l'un était plus doux que l'autre ! Plus doux, ce métier de galérienne où il n'y a que de la honte à boire ! Plus doux ! Ah ! comme elles s'abusent, et que cela leur doit être amer quand elles s'aperçoivent qu'en effet elles se sont abusées et que le travail honnête est encore — et de beaucoup — préférable !

Ah ! si le retour au bien était possible !

Pourquoi ne le serait-il pas ? Les marches de l'escalier qu'il faut remonter sont nombreuses, et plus glissantes encore peut-être que celles qui ont provoqué la chute; mais lorsqu'on tient sérieusement à reconquérir, avec la sienne propre, l'estime des autres, on ne se décourage pas, on monte, on monte, — et de la nuit du vice on émerge vers la douce lumière de la considération. C'est si bon de n'avoir à rougir de rien dans la vie !

Charles Joliet écrit des *ex-dono* sur la garde de quelques exemplaires de son volume, en méditant longuement sur chacun d'eux. C'est chose plus importante qu'on ne croit, une dédicace ! Tout le monde met : « *A Monsieur ***, hommage de l'auteur,* — respectueux ou non. *Hommage!* Pouah! que c'est mesquin ! *A mon cher confrère A. D. Libre échange.* C'est mieux ! c'est fin ! C'est elliptique ! Ou bien : *A mon savant ami C. L. Une goutte d'eau à la mer.* C'est modeste et cela flatte ! Ou bien encore : *A mon cher camarade H. V. Dis de mon livre le bien que je pense des tiens.* Adorable ! Joliet, tu n'es pas un homme de lettres ordinaire : tous mes compliments !

« Les malles-poste chères à l'agriculture » font leur apparition dans les rues, et commencent à étaler leurs *serpents* monstrueux sur les trottoirs, contrairement aux prescriptions de l'Administration, qui n'a entendu les tolérer qu'à partir de minuit.

Je préfère les serpents de Laocoon, — terribles, mais propres.

Minuit

MINUIT

Heure lugubre au village, où l'on croit que les fantômes apparaissent, vêtus de longs suaires blancs, et secouant une ferraille mélodramatique destinée à épouvanter les gens qui ne dorment pas.

Heure délicieuse à Paris, pendant l'été, où les noctambules commencent seulement à respirer et à vivre.

Je ne sais pas encore — je le saurai un jour ou l'autre — ce qu'est Londres la nuit; mais je sais que Paris est charmant, et n'eussé-je que cette raison de l'aimer, je l'aimerais.

Les théâtres se vident de leurs spectateurs diversement impressionnés par ce qu'ils ont vu et entendu. La foule qui s'échappe de la Comédie-Française est partagée sur les mérites du *Supplice d'une femme*, dont l'auteur est le célèbre M***. Les billets de faveur trouvent que M. de Girardin est un bien grand publiciste, et les billets payants regrettent d'avoir payé. La foule qui sort du Théâtre-Lyrique ne regrette pas que Mozart ait fait la musique de *la Flûte enchantée*, elle regrette seulement que les paroles de ce merveilleux opéra ne soient pas plus merveilleuses. La foule que rend la Gaîté est encore sous l'impression désagréable que lui a causée le dénoûment du *Bas-de-Cuir* de M. Montépin, — un *Bas-de-Cuir* en filoselle, où Cooper serait bien empêché de retrouver Nathaniel Bumppo. La foule qui vient de voir, à la Porte-Saint-Martin, le 365e représentation de *la Biche au Bois* des frères Cogniard, trouve que les féeries se suivent et se ressemblent trop. La foule qui vient de voir, au Châtelet, *la Lanterne magique* de M. Clairville, en pense autant des revues. La foule qui vient de voir, au Cirque-Napoléon, l'Américain Batty, en pense autant des dompteurs de bêtes féroces.

Et ainsi des autres foules qui ont honoré de leur présence les autres théâtres de Paris, — le Palais-Royal et les Variétés exceptés. C'est si difficile de passionner un public comme le nôtre, — et si facile de l'amuser !

Les boulevards sont tumultueux comme des écluses. Mais le bouillonnement de leurs flots humains va bientôt diminuer d'intensité, puis cesser tout à fait sur les points éloignés du centre, Bastille et Madeleine, place du Châtelet et gare de Strasbourg. Le silence, cette seconde nuit, va descendre sur les extrémités de la grande ville; seul, le cœur de Paris va continuer à battre, — des pulsations exagérées, extravagantes, le pouls de la fièvre.

Le cœur de Paris — et son cerveau aussi — c'est la partie du boulevard comprise entre le faubourg Montmartre et la Chaussée-d'Antin, ce que les chroniqueurs appellent le *tout Paris* des premières représentations, le Paris artiste, le Paris littéraire, le Paris galant, notre Landerneau enfin.

Landerneau aime et boit, cause et rit, brille et braille, quand Paris dort et ronfle, plongé dans l'obscurité.

Le boulevard Montmartre, quartier général des habitants de Landerneau, étincelle de lumière et de bruit : son asphalte est un Longchamp pittoresque, où l'on rencontre les robes de la plus belle soie et les habits du plus beau râpé, — des Diogènes des deux sexes à la recherche, celle-ci de l'homme philosophal, ceux-là du dîner philosophique. A minuit, on ne voit pas les choses et les gens de la même façon ni du même œil qu'à midi ; la morale change les verres de ses lunettes : les femmes paraissent plus désirables et les bohèmes moins méprisables. Un souper à celle-ci — avec un louis autour ; une soupe aux choux à celui-là — avec une pièce de quarante sous dedans. On dit à l'une : « Rosa, vous êtes divine ! » — sans être trop écœuré par ses parfums de poudre de riz. On permet à l'autre de vous trouver beaucoup d'esprit et de talent, — sans être dégoûté de ses éloges de pique-assiette. C'est l'heure de l'indulgence, minuit !

Le café Garin, le café Bouvet, le café de Suède,

le café Véron, regorgent de consommateurs et de consommatrices; les uns en dedans, les autres en dehors, en espalier. Les garçons ne savent à qui répondre, dans l'envie qu'ils ont de répondre à tout le monde à la fois. A entendre tous ces gens-là demander à grands cris, qui une chope, qui un grog, qui une glace, qui n'importe quoi de désaltérant, on croirait vraiment qu'ils n'ont encore rien bu de la soirée, — et, tout au contraire, ils n'ont ainsi soif que parce qu'ils se sont trop désaltérés. Ah! les belles pièces de vingt francs qu'on gaspille là, avec lesquelles on achèterait du bonheur à bien des misérables!

C'est l'heure où les autres cafés ferment, — à leur dam et regret, car c'est précisément l'heure où ils voudraient pour ainsi dire ouvrir. C'est quand ils s'emplissent qu'on les force à se vider. Les agents sont à la porte, inflexibles, prêts à verbaliser, et, comme il ne faut pas plaisanter avec les contraventions, on ferme lentement, mais on ferme, en maudissant l'intolérance de l'Administration, si tolérante pour les établissements du boulevard.

Je comprends les regrets de ces cafetiers : ils devinent bien que cette clientèle, qu'on les oblige de renvoyer, n'est pas encore disposée à se coucher et qu'elle va se répandre dans les cafés encore ouverts, légalement ou en contrebande.

Par exemple, si les consommateurs de la brasserie des Martyrs descendent vers le café des Variétés, ceux du Rat-Mort, ou de Jean Goujon, ou de la Nouvelle-Athènes, remontent silencieusement vers la brasserie du père Puff, sur le boulevard Rochechouart. La brasserie du père Puff est close, mais le père Puff veille. Un coup discret est frappé aux volets, on pousse la grille du passage voisin et l'on entre. Le père Puff vous compte : si vous êtes trop nombreux — ou en trop petit nombre — il vous referme sa porte au nez; si vous n'êtes que huit ou dix, il vous accueille en vous recommandant le plus profond silence, et vous introduit dans la petite pièce du fond, si justement appelée *l'entrepont*, où, grâce à la chaleur du gaz et à l'absence de toute aération, on ne tarde pas à étouffer. Puis, brochant là-dessus, des saucisses de Francfort, parfumées de genièvre, de la choucroute de Strasbourg, de la bière de Bavière, — enfin tout ce qu'il faut pour avoir une belle et bonne indigestion.

Mais qu'importent les indigestions? Ce qui importe, c'est de ne pas rentrer chez soi, de rester le plus longtemps possible à causer, à rire, à boire. Se coucher, dormir, fi donc! C'est bon pour les bourgeois.

L'entrepont retentit de joyeusetés. Le père Puff accourt, suppliant, et baisse le gaz pour forcer ses hôtes à baisser la voix : « Une *ronte*, messieurs, une *ronte!* » La ronte, c'est une ronde, bien entendu. On se tait pendant quelques instants, pour ne pas contrarier le bonhomme, quoique personne ne croie à la *ronte;* mais bientôt on recommence avec plus d'intensité : « Fous me gombromedez! » murmure de nouveau le père Puff, plus suppliant que jamais, et, pendant qu'il supplie ainsi, Adonis, le garçon, apporte de nouvelles canettes et de nouvelles saucisses. Quand son timide *quos·ego* est méconnu et que la tempête mugit trop haut, il emploie un moyen héroïque, mais infaillible : il coupe les vivres! Plus de bière, plus de gaieté; plus de gaieté, plus de bruit. On se retire silencieusement comme on est venu, et on ne retrouve la voix et l'éclat de rire qu'au grand air.

Les forcenés qui tiennent absolument à ne pas

rentrer chez eux ont encore dix endroits pour un, bien ou mal famés, où il leur est loisible de souper en joyeuse compagnie.

Une Heure du matin

UNE HEURE DU MATIN

Une heure ! Que de rêves ont faits déjà les honnêtes bourgeois qui se sont couchés à dix heures ! Que de rêves — et de cauchemars !

Les viveurs des deux sexes ne veulent pas rêver encore. Le rêve marché, bu, ri, ou chanté, vaut mieux pour eux que le rêve ronflé. Les banquettes de velours sont préférables aux oreillers de plume.

Les cafés du boulevard éteignent leur gaz et

renvoient leur public, comme fait en ce moment la Librairie Centrale. Seul, le café des Variétés tient bon, et verse à flots ses lumières sur l'asphalte. Ailleurs, des gandins et des gandines, mêlés de provinciaux curieux et de Parisiens égarés; mais ici, au café Hamelin, des artistes et des gens de lettres, des acteurs et des figurantes, des photographes et des noctambules. Chez Hamelin, on est presque chez soi, — avec cette différence qu'on y dépense un peu plus d'argent que chez soi : c'est un avantage.

Charles Monselet fait majestueusement son entrée, suivi de quelques-uns des admirateurs de son aimable talent et de son aimable goinfrerie. Monselet-Montmaur! Il vient du *Rat-Mort*, où il a soupé, après avoir copieusement dîné chez Dinochau : il soupera une troisième fois. *Lassatus* peut-être, *sed nondùm satiatus*, ce Messalin de la table!

Il s'assied en souriant, et bientôt la soupe aux choux fume devant lui. Jamais je n'ai vu manger avec cette conviction : on dirait qu'il officie. C'est bien l'homme qui a fait le *Sonnet de l'Andouillette* et célébré les vertus culinaires du compagnon de saint Antoine! Comment, ainsi préoccupé des intérêts de son ventre, peut-il un seul instant soigner ceux de son cerveau? Comment, avec tant de gourmandise, avoir tant d'esprit? avec tant de graisse, de grâce? Comment la Bête n'étouffe-t-elle pas en lui la Belle? O prodige! O mystère de l'organisme humain!

Fernand Desnoyers, assis à une table voisine avec son ami le peintre Girardin, fait contraste par sa maigreur de Don Quichotte avec l'embonpoint de ce chanoine littéraire. Pourtant, Desnoyers dîne et soupe autant que Monselet.

— Hamelin! du vin au poëte français! crie *Bras-Noir* de sa voix de crécelle, en essuyant sa barbe jaune d'un seul revers pulcinellesque de sa main droite et en campant sa main gauche sur sa hanche pour mieux déclamer. Du vin! Hamelin! du vin! crie-t-il en scandant ses vers comme des hexamètres latins, avec plus de spondées que de dactyles.

« Le Beaune—que je bois—me fait-rire—les yeux :
Je vois couleur—du vin... Mon chemin—est joyeux...

On dirait,—sur le ciel,—qu'illumine—l'automne,
Que le soleil—couchant—met en perce—une tonne.
J'entends—dans le lointain—rire—et jaser—l'écho...
Le rire des moissons,—c'est le coquelicot !
Les peupliers—sont saoûls : au bord de l'eau—malsaine
Ils peuvent—dans le vent—se soutenir—à peine... »

Monselet sourit finement, sans interrompre un seul instant son petit travail glouton. Il a l'air de dire, du menton et de la bedaine, de l'œil et du sourire : « Oui ! oui ! chante le vin, va ! chante le vin ! Moi, je le bois ! Chante la soupe ! Moi, je la mange !... »

Jules Noriac descend de la salle d'en haut, où se réfugient les joueurs. Il distribue ses cordiales poignées de main à droite et à gauche, à Monselet et à Desnoyers, et passe rapidement. Sa journée est faite, à cet habile directeur du théâtre des Variétés ; mais son article n'est pas fait, à ce spirituel rédacteur en chef des *Nouvelles* : il va remonter vers la place Saint-Georges, s'asseoir devant sa table de travail, tremper sa plume dans l'encre, — et peut-être se coucher. Si vous croyez, lecteurs, qu'on est toujours disposé à écrire, à avoir de la verve, de l'esprit, du talent !

Les tables, pleines tout à l'heure, s'éclaircissent maintenant. M. Hamelin va disant : « Allons, messieurs, il est une heure passée ! Je vous en prie !... Les sergents de ville sont à la porte !... Je vais être en contravention !... » Fernand Desnoyers ne bouge pas, Charles Monselet ne remue pas, Paul Blaquière ne s'émeut pas. La foi déplace les montagnes ; mais la parole de M. Hamelin n'a pas la même vertu, — peut-être parce qu'on n'a pas foi en elle. Il supplie, il gronde, il veut qu'on parte : mais il s'empresse à servir et à faire servir les consommateurs qui surviennent encore en ce moment.

Aux invitations au départ se mêlent les vers de Desnoyers, qui tombent, sonores, dans les oreilles exaspérées de M. Hamelin :

« La bonté—du Pomard—gagne le cœur...—On aime,
On devient aussi bon—que le Pomard—lui-même ;
Et sur le vin—l'amour revient,—comme—sur l'eau
Remonte—la grenouille—aussitôt—qu'il fait beau... »

Mais bientôt la salle est vide et le gaz éteint, — un bec excepté, celui qui éclaire encore les tables où sont assis Desnoyers et Monselet, tous deux souriants et calmes au milieu du tapage des garçons, qui répètent sur tous les tons qu'il faut partir et que les agents sont à la porte en train de verbaliser.

« Allons ! *Bras-Noir !* s'écrie Monselet, vaincu par les sollicitations de M. Hamelin, et se levant à regret.

— Allons ! *Jean Riant !* répond Desnoyers, vaincu aussi et se levant aussi. »

Et tous deux, bras dessus bras dessous, opèrent une savante retraite, toujours calmes et toujours souriants ; Monselet répétant les vers de Desnoyers, et Desnoyers répétant la prose de Monselet :

« A ta santé, Jean Riant, joyeux patron, bonne face, grosse santé, belle humeur, Bacchus du peuple ! Que j'aie longtemps pied alerte et longue soif, et je te promets sonores litanies ! Jean Riant, protégez-nous ! Jean Riant, brillez sur nous ! Éloignez de nous, Jean Riant, les trois épouvantables fléaux du monde : la fièvre, la guerre et l'amour !... »

Dans un article récent, magistral comme tout ce qu'il écrit, M. Barbey d'Aurevilly, mettant une semelle de velours à sa férule de critique, conseille à Monselet de déposer sa couronne de roses sur l'autel du Sérieux et de cesser d'être ce qu'il est souvent pour n'être plus désormais que ce qu'il est quelquefois. Je ne sais pas si cette abdication serait du goût de Monselet, mais j'ose affirmer qu'elle ne serait pas du goût du public, qui aime en lui, précisément, ce dont on voudrait qu'il se débarrassât : sa grâce aimable, son dévergondage spirituel, son épicuréisme et sa gaieté. O Jean Riant ! n'écoute pas les sages qui n'ont jamais ni ri ni souri ! Reste fou pour plaire aux fous, tes amis et tes admirateurs ! Jean Riant, ne sois jamais Jean Mélancolisant !

Deux Heures du matin

DEUX HEURES DU MATIN

HAMELIN a vaincu : ses derniers consommateurs sont partis. Mais il est d'autres endroits plus hospitaliers : Brébant, au coin du boulevard et du faubourg Montmartre; Bignon, au coin de la Chaussée-d'Antin ; Hill, sur le boulevard des Capucines.

Pendant que Théodore Pelloquet monte l'escalier du successeur de Vachette, Charles Monselet s'achemine en joyeuse compagnie vers Hill's Tavern,

— un cabaret plus parisien que britannique, qu'envahit en ce moment une foule affamée et assoifée, qui veut continuer là les buveries commencées ailleurs, et se mêle, bruyante, au public grave déjà installé. Le contraste est parfois plaisant, — parfois *shocking* aussi : des gens de lettres vêtus à la six-quatre-deux, crottés comme leur ancêtre Colletet, sans gants, avec des pipes, se confondent — sans se mêler — avec les nobles gentlemen attablés là comme dans des salons, irréprochables de mise et d'allures. Ces derniers redoutent l'invasion des premiers, et quelquefois avec raison, parce que trop débraillés et trop sans gêne; ils les tolèrent toutefois, — ne pouvant faire autrement : leur seule protestation est le dédain, — un dédain que partagent les garçons, qui répondent plus vite aux cigares qu'aux pipes, aux gentlemen qu'aux gens de lettres. Et cependant les louis de ces derniers sont d'un or aussi pur que les souverains des premiers. Mais, que voulez-vous! ces waiters connaissent leur monde, et s'il leur plaît de servir les enrôlés de la fashion, il leur plaît moins de servir les soldats de la Bohème, — les soldats et même les colonels, car là sont venus et viennent encore des romanciers, des journalistes et des vaudevillistes dont les noms font prime au théâtre et en librairie.

Je respecte cette antipathie des garçons d'Hill's Tavern,— comme je respecte toutes les choses que je ne comprends pas ou qui me paraissent ridicules. Elle ne m'a jamais empêché d'aller, comme tout le monde, frapper, vers une ou deux heures, aux volets de ce cabaret. A cette heure-là, il est fermé ; mais il y a, pour les initiés, un sésame irrésistible, qui consiste à heurter légèrement à la porte et à jeter aux garçons, qui se tiennent derrière aux écoutes, un discret et sérieux *Shakspeare*, ou *Calderon*, ou *Byron*, ou *Tasso*. Cela ne veut pas dire, assurément, pour le waiter, que M. Tasso, ou M. Byron, ou M. Calderon, ou M. Shakspeare est sur le trottoir, demandant à entrer pour boire une pinte de scoth-ale et manger une tranche d'ham ou de beef ; cela signifie seulement que les visiteurs qui heurtent à l'huis de la taverne sont des soupeurs ornés de soupeuses, qui sont déjà venus souper dans les cabinets particuliers du premier étage et qui y reviennent.

Les cabinets particuliers, — invention diabolique du XVIIe siècle, due au maître de la taverne de *l'Écharpe*, place Royale, où allaient les auteurs et les petits-maîtres d'alors,— les cabinets particuliers sont l'écueil de la vertu et des napoléons. Une jeune fille de vingt ans et une jeune pièce de vingt francs qui commettent l'imprudence d'entrer, rayonnantes, dans un de ces lieux de plaisance, n'en sortent guère dans le même état; elles sont l'une et l'autre si changées que ni leur mère ni leur propriétaire ne pourraient les reconnaître. Passe pour les jaunets : ils sont faits pour ces métamorphoses vulgaires; mais les jeunes filles!... Les jeunes filles!... J'allais m'attendrir à faux : celles qui entrent là ont l'habitude d'y entrer; elles ne sont peut-être plus jeunes, — mais elles sont toujours filles.

Les cabinets particuliers d'Hill's Tavern ont cela de particulier que chacun d'eux — il y en a environ une douzaine — est placé sous l'invocation d'un grand homme, d'un grand poëte, anglais, espagnol, italien, allemand, ou français, dont le portrait se trouve peint sur la porte, en guise de numéro, pour les faire mieux reconnaître. Ah! Shakspeare! Shakspeare! nous avons évoqué souvent tes adorables héroïnes devant nos drôlesses adorées, et nous avons souvent soupiré en songeant aux charmes des unes et à la gloutonnerie des autres. Ophélia et Cymbeline ne savaient pas fesser le champagne aussi outrageusement qu'Héloïse Cerneau et que Célestine Machu, n'est-ce pas, vieux poëte?...

Mais la nuit s'avance. Les buveurs de lettres qui n'ont pu trouver place chez Hill ou chez Brébant se rabattent chez la mère Pierre, la concierge du *Siècle*, — dont la petite salle a vu passer bien du monde. On y fait là des soupers où la soupe est inconnue, comme la gêne. Ceux qui aiment le *bouilli*, avec des ognons et des cornichons confits, y ont la main : le bouilli est l'alpha et l'oméga de la cuisine de la mère Pierre ; quand il y a des harengs saurs, c'est qu'ils ont été apportés du dehors.

Le public y est mêlé : des gens de lettres, des artistes et des *typos* de l'imprimerie Voisvenel, auxquels s'adjoignent de temps en temps de gros bonnets de la rue du Sentier, désireux de voir manger les excentriques de la plume, du crayon et du composteur. Le spectacle en vaut la peine ; mais il était plus intéressant il y a quelques années, à cause de l'armoire dans laquelle couchait le père

Pierre. Toutes les heures, quand le tapage devenait trop fort, ou quand les plaisanteries se faisaient trop ronde-bosse, les deux battants de l'armoire s'ouvraient brusquement et le père Pierre surgissait, dressé sur son séant, menaçant du geste. Bien qu'on fût habitué à cette apparition à la Banquo, elle faisait toujours tressaillir les soupeurs.

Je regrette l'armoire du père Pierre.

Les soupeurs regagnent leur domicile, la tête lourde et le porte-monnaie allégé, en se promettant bien, chaque jour, de ne pas recommencer le lendemain.

Je ne parle pas ici des soupeurs robustes qui ne mènent pas la vie nocturne par genre, mais par goût : ceux-là ne sont pas plus malades à minuit qu'à midi, et s'ils se reprochent quelque chose, en rentrant chez eux, c'est de n'avoir pas un estomac d'une plus grande capacité et une bourse un peu plus peuplée de napoléons. Je parle des cocodès, des gandins, des petits jeunes gens du monde et des petits jeunes gens de lettres qui, à l'exemple de Will-Honcy-Comb, l'ami d'Addison, veulent posséder à fond la connaissance des hommes et des femmes, — ce qui leur vaut bien des mécomptes dans le présent et bien des infirmités dans l'avenir.

Ce que Will-Honcy-Comb appelait « avoir connu les hommes, » c'était d'avoir cassé les vitres, rossé des commissaires, troublé le repos des honnêtes gens en donnant des sérénades aux dames à minuit, etc. Ce que les nocturnes parisiens appellent connaître les hommes et les femmes, c'est de s'attabler, le ventre déjà plein, chez Bignon, chez Brébant, ou chez Hill, en compagnie de drôlesses dont le métier consiste à biseauter la carte de Tendre et à faire sauter la coupe de l'amour, et de faire semblant de s'amuser en chantant faux les chansons les plus badines de Nadaud, — le Béranger du Demi-Monde, — en cassant les verres et en répandant le vin des bouteilles, en insultant les filles et en tutoyant les garçons. Will-Honcy-Comb avouait de bonne foi avoir eu la moitié de sa vie de grands maux de tête tous les matins pour avoir passé la nuit à étudier les hommes. Les nocturnes parisiens ont les maux de tête, les indigestions, et le reste, mais ils n'avouent rien, — parce qu'ils manquent de bonne foi et qu'ils sont poseurs.

Laissons ces Parisiens et ces Parisiennes de la Décadence regagner, blêmes, malades, éreintés, le cœur brouillé, l'esprit troublé, les vêtements tachés, les nids dont ils n'ont pas toujours payé les meubles. Ils vont se coucher : bonsoir !

Ces nocturnes, créés pour être de simples diurnes comme les bons bourgeois leurs pères, ne m'intéressent pas, et n'intéressent personne — pas même eux : ils vivent sans avoir conscience de leur vie, sans jouissances vraies et sans douleurs réelles, comme les éponges et les méduses. Ce sont les orties de l'Océan parisien.

Ce qui m'intéresse, ce sont les noctambules, gens de forte race intellectuelle pour la plupart, qui, à l'exemple de l'escolier limosin, transfrètent la Séquane du crépuscule au dilucule, et déambulent par les compites et quadrivies de l'urbe que l'on vocite Lutèce, cauponisant ès tabernes méritoires, *Jean Goujon, Nouvelle-Athènes, Rat-Mort, Madrid, Variétés*, etc., belles édulies porcines olentées de sauerkraut au junipère, invisant, comme vérissimiles amorabonds, les mérétricules amicabilissimes, et, surtout, despumant libentissimement la verbocination parisienne, — ou, pour parler selon « l'usance commune, » battent les pavés des rues et l'asphalte des boulevards en causant d'amour et d'art, des filles à la mode et des idées démodées, des actrices qui ont plus de gorge que de talent et des écrivains qui ont plus de prétentions que de style, des absents qu'on voudrait revoir et des présents que l'on voudrait ne plus voir, des morts que l'on regrette et des vivants que l'on méprise, enfin de tout ce qui peut alimenter une causerie ambulante, bois vert et vieux fagots.

Demain, peut-être, grâce aux sévérités de la préfecture de police, qui trouve toutes les têtes égales devant le bonnet de coton et qui n'a pas l'air d'aimer les têtes chaudes, réfractaires au sommeil; demain, peut-être, le noctambulisme aura vécu. Mais au moins aura-t-il bien vécu, pendant les trente ou quarante ans qu'il aura duré, et aura-t-il compté, parmi ses bien-vivants, un certain nombre d'illustrations artistiques ou littéraires, grosses, moyennes et petites, Romieu, Alfred de Musset, Roger de Beauvoir, d'Abrantès, Théodore de Banville, Henry Murger, Nadar, Lerminier, Grimblot, Gustave Courbet, Julien Lemer, Francis Giraud, Gustave Planche, Henry de la Madelène, Félix Mornand, Charles Monselet, Heynette de Kesler, Guichardet, Melvil-Bloncourt, Charles

Bataille, Marc-Trapadoux, Charles Baudelaire, Gustave Mathieu, Théodore Pelloquet, Antonio Watripon, Émile de La Bédollière, Hippolyte Babou, Privat d'Anglemont, Préault, Pierre Dupont, Ludovic Durand, Alphonse Duchesne, Voillemot, Alexandre Pothey, Castagnary, Fernand Desnoyers, Malassis, Tony Révillon, Charles Coligny, et d'autres encore que j'oublie. Une longue liste, celle des noctambules qui ont marqué peu ou prou, — une liste qui est comme le livre d'or de la véritable *nobility* parisienne.

Demain on ne leur permettra plus d'aller et de venir à leur aise sur les trottoirs, à ces aimables péripatéticiens, à ces philosophes nocturnes dont le cerveau persiste à flamber comme un phare à l'heure où celui des simples mortels persiste à fumer comme un simple lampion sur lequel le vent de l'habitude a soufflé!

Et pourtant, quelle honnête, et pacifique, et respectable chose, que cette déambulation de gens qui ont un tel respect pour l'esprit — l'affirmation même de la vie — qu'ils se refusent à mettre dessus l'éteignoir bourgeois du sommeil, cette affirmation de la mort!

« Dieu soit avec celui qui a inventé le sommeil :
il couvre l'homme comme un manteau ! » Qui a
dit cela ? Panurge ou Sancho Pança ? En tout cas,
ce n'est pas ce mélancolique et héroïque Don Quichotte, qui se couche le moins qu'il peut, afin
d'être plus tôt levé pour offrir son épée, son cœur
et sa vie à ceux qui en ont besoin, — et même à
ceux qui n'en ont que faire.

Je n'aime pas ce manteau-là, pour ma part, j'aime
mieux l'autre, — le manteau couleur de muraille,
sous lequel on va faire le pied de grue dans un
pied de neige ou de boue sous le balcon de son
adorée, et avec lequel on va courir le guilledou de
l'esprit en compagnie des meilleurs fils du monde.
Je sais bien qu'il est nécessaire à beaucoup de
gens, les fatigués et les souffrants, les faibles et les
malades ; je connais les sanglots de Macbeth, qui,
en assassinant Duncan, a tué aussi le sommeil :

> . . . . *The innocent sleep ;*
> *Sleep, that hnits up the ravell'd sleave of care,*
> *The death of each day's life, sore labour's bath,*
> *Balm of hurt minds, great nature's second course,*
> *Chief nourisher in life's feast.....*

Sans doute, sans doute, et Shakspeare a eu raison de faire dire par le royal meurtrier : « L'innocent sommeil, qui débrouille l'écheveau confus de nos soucis ; le sommeil, ce bain accordé à l'âpre travail, ce baume des cœurs blessés. » Mais il a dit aussi : *The death of each day's life*, — « cette mort de la vie de chaque jour... » C'est pour cela que je n'aime pas le sommeil.

Le sommeil est une abdication.

La vie n'est déjà pas si longue, mon Dieu ! A quoi bon alors la raccourcir de moitié ? Et puis, quand vous vous couchez, laissant inachevé un projet, interrompue une rêverie, cassé en deux un bonheur, savez-vous si vous retrouverez à votre réveil l'autre moitié de cette fantaisie, l'autre morceau de ce bonheur ?... Quelle hâte avez-vous donc de vous essayer ainsi chaque jour à la mort, comme ces trappistes qui, chaque jour, prennent la mesure de leur cercueil ?

Vous ne trouvez peut-être pas la vie drôle ? Alors, brûlez-vous la cervelle, s'il vous en reste quelques miettes, — et que cela soit fini.

C'est vrai : vous ne trouvez pas la vie intéressante — probablement parce que vous ne vous intéressez pas à elle. Cependant, vous vous levez chaque matin, gaillard et dispos, comme si vous aviez à conquérir un monde ou à révéler une vérité à vos concitoyens, — et vous aboutissez à une tasse de café au lait ou à une bavaroise au chocolat, égayée par la lecture du *Moniteur* ou du *Constitutionnel !...* Soit dit sans vous offenser, vous auriez peut-être mieux fait de rester couché et de ne pas vous réveiller du tout.

Vous ne trouvez pas la vie amusante, et vous vous levez chaque matin avec l'intention bien arrêtée de vous amuser énormément. Ne vous couchez pas : vous prendrez alors un peu plus d'intérêt à la vie, vous vivrez !... Et quand vous vous en irez définitivement, vous saurez — au moins — à quoi vous en tenir sur une foule de choses. Vous serez bien fatigué, sans doute; vous serez brisé, éreinté, fourbu, comme l'est un voyageur qui a marché depuis l'aube jusqu'au crépuscule, depuis le chant de l'alouette montant joyeusement vers le ciel jusqu'au chant du bouvier ramenant mélancoliquement ses bœufs à l'étable.

La lassitude prouve le travail, l'appétit prouve l'exercice : vous serez fatigué de la vie et vous aurez appétit de la mort... Mais au moins vous aurez vécu ! au moins vous n'aurez rien à regretter, et, cette fois-là, vous mettrez votre dernier bonnet de nuit avec infiniment de plaisir. Tandis que, tout au contraire, vivant comme vous vivez — ou plutôt comme vous ne vivez pas, — quand arrive cette grande diablesse qui joue un rôle si important dans les machines d'Holbein, vous pleurnichez comme un enfant qu'on emmène de la comédie au milieu du premier acte...

Il n'y a qu'une seule manière de bien mourir : c'est de vivre. Il n'y a qu'une seule manière de vivre : c'est de ne pas mourir. Et vous mourez tous les jours, puisque vous vous ensevelissez chaque soir de vos propres mains dans un linceul que vous appelez drap par politesse, et que vous vous condamnez à séjourner pendant dix ou douze heures dans un coffre en acajou qui ressemble beaucoup trop, sauf la largeur, au coffre en sapin qui sera votre dernière redingote; et une fois clos ainsi, muré ainsi, cadenassé ainsi, vous vous abstenez soigneusement de penser, de peur de cauchemar, c'est-à-dire de peur de vivre !...

L'homme peut se reposer de temps en temps ; les haltes et les stations lui sont permises : il n'a pas le droit de dormir.

Mais où vais-je m'égarer là ! Au lieu d'accueillir avec amertume les rigueurs dont l'Administration menace les noctambules, je devrais les remercier au contraire, car, en me forçant à rentrer chez moi à une heure bourgeoise, en m'empêchant de circuler après minuit à travers Paris, elles m'épargneront désormais les heurts douloureux, les secousses brutales auxquelles je m'expose de gaieté de cœur. Beaucoup de compagnons de ma jeunesse sont partis les premiers, et d'autres encore partiront comme eux, avant moi, la Mort m'ayant dit comme le Cyclope à Ulysse : « Toi, je ne te mangerai que le dernier... » Ils sont partis, et, malgré cela, je les rencontre toujours, ombres mélancoliques, sur les pavés que nous battions jadis ensemble de notre semelle philosophique, et qu'ils battent de nouveau de leurs pas de spectres. Dans ce quartier, c'est Fouques ou Cressot ; dans cet autre, Watripon ou Leclerc ; dans cet autre, d'autres, — et partout Privat ou Guichardet ! Ces rencontres m'attristent, elles me barrent le chemin : il me semble que je marche sur des tombes. D'ailleurs, Paris n'est plus Paris : on me l'a changé, je n'en veux plus. Allons nous coucher et tâcher de dormir.

Dormir, c'est oublier. « Dieu soit avec celui qui a inventé le sommeil!... »

FIN DES HEURES PARISIENNES.

TABLE DES MATIÈRES

	Pages.
A Alexandre Privat d'Anglemont.	1
Trois heures du matin	3
Quatre heures du matin	13
Cinq heures du matin	19
Six heures du matin	23
Sept heures du matin	29
Huit heures du matin	39
Neuf heures du matin	49
Dix heures du matin	59
Onze heures du matin	65
Midi.	71
Une heure après-midi.	81
Deux heures après-midi	87
Trois heures après-midi	97
Quatre heures du soir	105

Table des Matières

	Pages.
Cinq heures du soir.	113
Six heures du soir	127
Sept heures du soir.	135
Huit heures du soir.	141
Neuf heures du soir	151
Dix heures du soir	163
Onze heures du soir	169
Minuit.	175
Une heure du matin	183
Deux heures du matin	191

Paris, imprimerie JOUAUST, rue Saint-Honoré, 338

OUVRAGES DE M. ALFRED DELVAU

Les Dessous de Paris. 1 vol. in-18, avec un frontispice de Léopold Flameng. Poulet-Malassis, éditeur. (*Epuisé.*)

Histoire anecdotique des Cafés et Cabarets de Paris. 1 vol. in-18, avec eaux-fortes de Gustave Courbet, Félicien Rops et Léopold Flameng. E. Dentu, éditeur.

Lettres de Junius, coups de plume sincères. 1 volume in-18. E. Dentu, éditeur.

Les Amours buissonnières. 1 vol. in-18. E. Dentu, éditeur.

Les Cythères parisiennes. 1 vol. in-18, avec eaux-fortes de Félicien Rops. E. Dentu, éditeur. (*Epuisé.*)

Françoise. 1 vol. in-32, avec frontispice d'Emile Thérond. Achille Faure, éditeur.

Le Fumier d'Ennius. 1 vol. in-18, avec eau-forte de Léopold Flameng. Achille Faure, éditeur.

Gérard de Nerval. 1 vol. in-32, avec frontispice de G. Staal. Bachelin-Deflorenne, éditeur.

Histoire anecdotique des Barrières de Paris. 1 vol. in-18, avec eaux-fortes d'Emile Thérond. E. Dentu, éditeur.

Mémoires d'une honnête fille. 1 vol. in-18, avec frontispice de G. Staal. Achille Faure, éditeur. (*Troisième édition.*)

Le Grand et le Petit Trottoir. 1 vol. in-18. A. Faure, éditeur.

Les Lions du jour. 1 vol. in-18. E. Dentu, éditeur.

Du Pont des Arts au Pont de Kehl. 1 vol. in-18. Achille Faure, éditeur.

Henry Murger et la Bohême. 1 vol. in-32, avec frontispice de G. Staal. Bachelin-Deflorenne, éditeur.

Dictionnaire de la langue verte (Argots parisiens comparés). 1 fort volume d'environ 500 pages sur 2 colonnes. 2e édition, complétement refondue et considérablement augmentée.

EN VENTE A LA MÊME LIBRAIRIE

CATALOGUE DES OBJETS D'ART exposés au Musée rétrospectif ouvert au Palais de l'Industrie en 1865, sous la direction de l'*Union centrale des beaux-arts appliqués à l'industrie*. Un beau volume in 4° contenant le Cabinet d'armes de l'Empereur et la Salle polonaise. . 15 fr.
Par fascicule de 5 feuilles in-4°, chaque fascicule. 1 fr.
Cabinet d'armes de l'Empereur. . . . . 2 fr.
Salle polonaise. . . . . 1 fr.

Exemplaires sur papier vergé :

Catalogue complet. . . . . 37 fr. »
Chaque fascicule. . . . . 2 fr. 50
Cabinet de l'Empereur. . . . . 5 fr. »
Salle polonaise. . . . . 2 fr. »

A partir du 15 juin, l'ouvrage ne sera plus vendu qu'en volumes complets.

LÉGENDAIRE DE LA NOBLESSE DE FRANCE, devises, dictons, cris de guerre, etc., des familles souveraines, princières et nobles, au nombre de plus de six mille, recueillis et mis en ordre par le comte O. Bessas de La Mégie. Un beau vol. grand in-8°. . . . . 15 fr. »
Exemplaires sur papier vergé. . . . . . 25 fr. »

LE LIVRE DES FIANCÉES, lettres familières à une jeune fille, par Octave Féré et Valentin. Un joli vol. grand in-18 jésus. . . . . 2 fr. »

SAUVAGERIE. par Éd. Thiaudière, eau-forte de Didier. Un vol. gr. in-18. . . . . 3 fr. »

CONTES ET FÉERIE, par Émile Blémont. Un vol. grand in-18 jésus. . . . . 3 fr. »

Paris, imprimerie JOUAUST, rue Saint Honoré, 338.

www.ingramcontent.com/pod-product-compliance
Lightning Source LLC
Chambersburg PA
CBHW071930160426
43198CB00011B/1339